사건으로 보는 한국의 정치변동

차례
Contents

정치변동

정치변동에는 혁명, 변혁지향, 쿠데타, 반란, 민주화운동이 있다. 이 글은 1945년 해방 이후 2002년 16대 대통령선거까지 한국의 현대사에 나타난 정치변동 가운데 변혁지향과 쿠데타 그리고 민주화운동으로 구분되는 몇 가지 사건에 주목하고 있다.

이 글에서 반란과 혁명을 다루지 않은 이유는 다음과 같다. 우선 반란과 혁명이라는 이름 자체가 대부분의 경우 성공과 실패라는 척도에 의해 좌우되는 정치과정이기 때문이다. 통상적으로 반란은 아래로부터의 요구가 폭력을 동반하면서 자연발생적이고 비조직적으로 전개되었다가 실패한 경우를 지칭한다. 바로 이 실패로 인해 그리고 성공한 승자 쪽에서 이러한 도전의 부당성을 널리 알리기 위해 반란이라는 이름을 붙인 것이다. 그러나 일정한 시간이 지나고 나면 반란을 통해서 제기된 아래로부터의 요구가 정당하고 역사적 의미를 갖는 것으로 재해석되면서 반란이라는 부정적인 이미지를 털어버리는 경우가 적지 않다. 그래서 이 글에서는 승자나 패자라는 관점을 거부한다. 오히려 아래로부터 제기된 특정의 변화요구에 초점을 맞추어 반란이라 불리워지는 사건들까지 변혁지향으로 명명하고자 한다.

반란과 정반대로 혁명은 누구나 애용하는 말이다. 민주화운동도 성공을 거두면 시민혁명 내지는 민주혁명으로 이름 붙여지고, 쿠데타를 통해 권력을 장악한 군부도 자신의 집권을 혁명이라고 명명하곤 한다. 이렇게 정치 행위자들은 너나 할 것 없이 혁명이라는 말을 좋아한다. 그만큼 혁명이 이상적인 사회로 나아가는 도정에서 긍정적인 결과를 가져오는 것으로 널리 인식되고 있기 때문이다. 특히 현실의 정치, 경제가 광범하게 불만족스러운 제3세계의 저발전 사회에서는 무언가 새롭고 획기적인 변화를 기대하기 마련이다. 이러한 열악한 상황에서 마치 구세주와 같은 역할을 하는 것이 혁명이다.

이렇게 혁명이라는 용어가 현실정치와 일상에서 널리 긍정적인 의미로 쓰이고 있기는 하지만, 혁명이라는 정치변동은 그렇게 자주 일어나지 않는다. 제3세계의 일원인 한국에서 1945년 이후 혁명에 딱 들어맞는 정치변동은 존재하지 않는다. 어쩌면 '아래로부터의 폭력을 통한 국가-계급 구조의 근본적이고도 급격한 변혁'이라는 고전적인 의미의 사회혁명은 프랑스혁명이라든가 러시아혁명과 같은 대혁명에나 어울리는 말일지도 모른다.

　제2차세계대전 이후 식민지 상황이 압도적인 제3세계 저발전 사회에서는 민족해방을 주된 목표로 하는 혁명들이 곳곳에서 시도되었고 또 성공을 거두기도 했다. 제3세계에 속하는 베트남, 쿠바, 니카라과, 이란 등지에서 일어났던 혁명들도 그 지향에 있어서는 사회혁명을 의도하였다. 다만 각 나라마다 시대적 조건과 정치, 경제적 상황에 따라 다음과 같은 세 가지 목표를 동시에 추구하면서도 그 가운데 어느 하나를 더 강조하는 차이를 보였다. 즉, 산업화를 통해 국민국가의 물적 토대를 확보하려는 발전혁명, 제국주의의 지배로부터 벗어나 자율적인 근대적 국민국가를 건설하려는 민족해방혁명, 그리고 민주주의의 도입을 통해 자유-평등-복지를 실현하려는 민주혁명이 그것이다. 이 글에서는 목표와 의도에 있어서 이와 같은 세 가지 혁명적 과제를 실천하려 했던 움직임을 변혁지향으로 지칭하고자 한다. 이들 변혁지향은 엄밀한 의미에서 혁명은 아님에도 불구하고 아래로부터의 도전이 의미심장한 파급효과를 가져왔다는 점에서 혁명으로 지칭될 만한 특성을 보인다.

한국의 정치변동

　1945년 이후 한국 현대사에서 나타났던 변혁지향이 무엇인가에 대해서 합의를 얻기는 쉽지 않다. 일단 혁명에는 못 미치더라도 아래로부터의 의미심장한 요구가 광범하게 표출되는 집단행동을 변혁지향이라고 규정하고자 한다. 필자는 모든 형태의 아래로부터의 요구는 다 변혁지향이라는 생각을 갖고 있다. 민주주의란 아래로부터의 요구가 정당하고 역사적 의미를 지닌 것이라는 가정에서 출발하고 있다고 보기 때문이다. 혹 정치인 가운데 누군가는 아래로부터의 요구가 집단이기주의적이고 비합리적이라고 생각하고 있을 수도 있지만, 이러한 경우까지도 민주주의는 정치인이 아래로부터의 요구에 반응해나갈 것을 요구한다.

1987년 이후 21세기 한국에서는 주권재민(主權在民)이라는 의미의 민주주의가 보편적인 정치이념으로 자리 잡고 있다. 그러한 한 앞으로는 반란이나 쿠데타, 혁명 또는 민주화운동과 같은 20세기적 의미의 정치변동은 찾아보기 힘들지도 모른다. 그러나 여전히 아래로부터의 요구를 담은 새로운 형태의 변혁지향은 언제 어디서든 제기될 가능성이 열려 있다고 볼 것이다.

이 글에서는 한국의 현대사에서 나타났던 여러 가지의 변혁지향 가운데 1945년 해방과 1960년 4·19 그리고 2002년 16대 대통령선거를 다루고자 한다. 즉, 독립-자주-근대의 과제가 1945년 해방공간에서 어떻게 표출되고 좌절되었는지, 자유-민주-발전의 과제가 1960년 4·19에서 어떤 형태로 제기되었다가 지연되었는지, 그리고 2002년 12월 16대 대통령선거에서 참여-자율-평화의 과제가 어떻게 제기되고 있는지를 살펴보게 될 것이다. 이들은 고전적 의미의 혁명은 아니지만 의미심장한 변혁을 의도했던 정치·사회적 움직임으로 인해 '혁명적'이라고 보아도 큰 무리가 없다는 생각이다. 특히 제3세계 혁명의 목표와 관련하여 세 가지 변혁지향에서는 다음과 같은 특성이 돋보인다. 즉, 1945년의 해방공간은 외부(미국과 소련)로부터 주어진 민족해방적 변혁지향인 것으로, 1960년의 4·19는 아래로부터 제기된 민주혁명적 변혁지향인 것으로, 그리고 2002년 16대 대통령선거는 20세기를 넘어서는 세대교체의 요구를 담아 개성-자율-참여-지구에 초점을 맞춘 탈냉전적·포스트모던적 변혁지향으로 파악된다는 것이다.

쿠데타는 군부나 경찰 또는 정보기관이 제도화된 게임규칙을 지키지 않고 위로부터 폭력과 강제의 위협을 동원하여 권력장악과 집권연장을 도모해나가는 불법적 정치과정이다. 국가안보나 치안 또는 국가기밀을 담당하고 있는 강권적 국가기구가 정치권력을 자의적으로 유용·전횡해나가는 쿠데타는 분명 월권이자 정치적 파행이다. 국가기구에 의한 불법적 정치개입은 사회 내의 다른 부문에 비해 군부나 경찰 또는 정보기구가 과잉 발달되어 있는 저발전 사회에서 자주 일어난다. 쿠데타의 대표적 형태인 군부의 정치개입은 그 주된 동기가 조직화된 물리력을 이용하여 군부의 집단적 이익이나 소수 군부 엘리트의 정치권력을 충족시키려는 권력의지에서 나온다. 지난날 한국이나 인도네시아, 칠레 등 동아시아와 라틴아메리카에서 일어났던 대부분의 군부쿠데타는 반공을 매개로 하여 미국 등 서방세계와 국제적 연대를 확보해나가는 특성을 보였다. 이는 군부쿠데타의 의도 중 하나가 소련이나 중국과 직·간접적으로 연계하여 아래로부터 제기된 사회주의적 변혁지향 움직임을 막는 데 있음을 뜻한다. 그 결과 군부통치는 외관상으로는 민족주의적 입장에서의 자립경제와 자유민주주의적 제도를 강조하는 듯하다. 하지만 실제로는 반공-친미·안정의 기치 하에 기득권 집단의 이익보장과 권위주의적 통치를 통한 안정의 강요 그리고 대외 종속적 경제성장을 도모하는 데로 나아가게 된다.

혁명이 아래로부터의 요구에 기초하여 심대한 전환을 의도하는 체제변동이라고 한다면, 쿠데타는 물리력을 동원한 위로부터의 강제를 통해 현상유지를 도모해나가는 정권변동이다. 혁명은 비인간적인 해악들을 척결하고 사회·경제적 변혁을 통해 인간해방을 실현한다는 목적론적 정당성을 강조한다. 반면 쿠데타는 아래로부터의 변화 요구를 봉쇄하고 그 대신 통제와 동원을 통해 정치적 현상유지와 자본주의적 경제성장을 도모한다는 기능적 효용성을 강조한다. 그러나 혁명이든 쿠데타든 정권장악에 성공하는 것과 소기의 정치경제적 목표를 달성하는 것은 전혀 별개의 문제인 경우가 많다.

한국의 현대사에 나타난 쿠데타 내지 '쿠데타적' 정치변동과 관련하여 이 글에서는 이승만이 한 번, 박정희가 두 번 그리고 전두환이 한 번(다만 2단계)을 포함하여 모두 네 번 발생한 쿠데타에 주목할 것이다. 이 가운데 박정희의 1961년 5·16과 전두환의 1979년 12·12, 1980년 5·17은 전형적인 군부쿠데타이다. 그러나 이 글에서는 1952년 발췌개헌을 통과시킨 이승만의 '부산정치파동'과 박정희가 종신대통령체제로 나아간 1972년 10월유신도 쿠데타적 정치변동에 포함시켰다. 부산정치파동이나 10월유신의 경우에는 정치권력자의 교체가 일어난 것은 아니었다. 그러나 계엄령을 통해 강압적으로 정권교체 가능성을 봉쇄함으로써 집권연장을 도모했다는 점에서 쿠데타나 다름없는 정변이었다. 네 번의 쿠데타 모두 일차적으로는 이승만, 박정희, 전두환의 권력창출 내지는 권력연장을 목표로 한 권력의지의 표출이었다. 이들 네 번의 쿠데타는 1950년 한국전쟁의 발발, 1960년의 4·19 의거, 1971∼1972년 미·중화해와 주한미군의 철수, 그리고 1979년 박정희의 암살이라는 각각의 극적인 정치적 사건과 사회·경제적 위기상황 그리고 한국 국민들의 안정희구 심리에 편승하면서 반공·안보 질서의 구축에 목표를 두었다.

민주화운동은 혁명이나 쿠데타, 반란과는 달리 직접 폭력을 동원하지 않는다는 점에서 그 독특한 특성이 존재한다. 대개의 경우 민주화운동은 비폭력적인 방법으로 아래로부터의 압력에 의해 민주주의의 도입 내지는 정상화를 가져오는 정치변동이다. 물론 민주화운동에는 대표적으로 1980년대 니카라과의 경우처럼 아래로부터의 압력에 수반하여 외부로부터의 압력이 추가될 수도 있고, 1980년대 말 동구권의 경험에서 보듯이 권위주의적 지배연합의 한 축이었던 외부세력의 철수가 뒤따르기도 한다. 그리고 민주화운동의 결정국면에서는 권위주의 지배엘리트와 민주화연합 대항엘리트들 간의 타협과 협상이 이루어져 폭력적 전복이나 혁명적 대치가 해소되는 경우가 많다. 이렇게 1987년의 한국처럼 민주적 제도의 도입이 엘리트 간 협상을 통해서 결정되는 경우, 민주화운동은 정치적 책임자의 교체보다는 그러한 교체가 가능할 수 있는 방식이자 제도적 절차로서 자유롭고 공정한 선거의 허용 내지는 국민주권의 제도적 발현에 강조점을 둔다.

민주화운동이란 온건하고 평화적으로 체제전환을 가능하게 하는 제도나 절차의 도입을 기득권 세력이 거부할 경우 아래로부터 제기되는 저항 운동이다. 이 때문에 민주화운동에서도 항의의사의 표출이자 의사반영의 수단으로서 조직화된 시위라든가 파업, 점거농성 또는 부분적인 무력동원 등의 강압을 활용하게 된다. 그러나 무장된 물리력을 동원하여 강제로 또는 조직화된 폭력의 행사를 통해 체제전환이나 정치인의 축출을 도모하는 경우로까지 나아가는 경우는 드물다. 그렇기 때문에 민주화운동의 성공은 일차적으로 국민 다수의 집단적 요구나 도덕적 분노 또는 국제여론의 광범한 지지에 기대는 경우가 많다.

1945년 이후 미국에 의해 외부로부터 한국에 주어진 민주주의는 지지부진을 면치 못하였다. 그 때문에 시간이 지날수록 민주주의의 가치가 국민들의 의식 속에 자리 잡게 되는 것에 못지않게 민주화운동은 줄곧 한국정치의 변동을 추동해나가는 강력한 인자로서 작용해왔다. 이 글에서는 1960년의 4·19를 변혁지향에 포함시키고 있기 때문에 1979년 유신정부의 붕괴를 가져온 부마민주항쟁과 1980년 전두환의 집권에 저항했던 광주민주항쟁 그리고 1987년 전두환의 집권연장을 막았던 6월민주항쟁에 초점을 맞추게 될 것이다. 이들 민주화운동 모두 일차적으로는 군부통치에 대한 국민들의 광범위한 거부와 민주주의에 대한 강렬한 열망으로부터 태동하였고 힘을 발휘하였다.

세 번의 민주화운동 경험에서 보듯이 그 성공과 실패가 국민들의 광범한 민주주의 요구에 의해서만 좌우되는 것은 아니다. 오히려 민주화운동 발발시의 국내경제가 위기상황인가 아니면 호황인가, 군부 엘리트의 정치화 정도는 어느 정도인가, 국제정세가 대결적 냉전구도인가 아니면 화해지향의 탈냉전인가, 미국의 대한반도 정책에서 강조점이 어디에 있는가, 군부통치의 최고 통치자는 어느 정도의 권력의지를 갖고 있는가, 권위주의적 지배연합의 결속은 어느 정도인가 등 다양한 요인들의 상호작용에 의해 그 성패가 엇갈리게 된다.

다만 최종적으로 민주화운동의 성공 여부는 개발독재의 효율성 이데올로기로부터 벗어나서 민주주의야말로 균형발전과 복지실현을 가져다 줄 정치적 정당성의 최적 기제라는 국민들의 인식에 달려있다.

변혁지향 : 1945년 해방, 1960년 4·19 그리고 2002년 16대 대통령선거

1945년 해방

　1945년 해방의 변혁적 특성에 대해서는 의견이 분분하다. 필자는 1945년 해방을 외부의 개입을 통해 변혁 가능성을 열어주었던 중요한 정치·사회적 전환점으로 파악하고자 한다.[1] 해방을 통해 일본식민지배가 종식됨으로써 정치·경제·사회·문화의 모든 영역에서 급격한 변화가 이루어졌기 때문이다. 1945년 직후 해방공간이 '가능성의 정치영역'이었던 만큼 해방은 새로운 출발이라는 점에서 혁명과 다를 것이 없었다. 다만 1945년에 맞이하게 된 해방은 미국과 소련에 의해 주어진 것이었기 때문에 언제든 이 외부세력의 개입에 의해서 왜곡되고 변질될 가능성도 내재해 있었다.

그러나 외부로부터 주어진 변혁지향은 실패하도록 되어 있다는 패배주의에 빠질 필요는 없었다. 한국 국민들의 주도면밀한 주체행위와 합심이 있었다면 해방은 변혁으로 연결될 수 있는 가능성을 충분히 보유하고 있었기 때문이다. 문제는 주어진 기회를 어떻게 활용해나가느냐 하는 것이었다. 어떻든 외부로부터 주어진 변혁의 계기를 아래로부터의 사회혁명으로 전환시켜나갈 수 있는 '잠재적 역동성'이야말로 1945년 해방의 변혁지향성이라고 볼 것이다. 적어도 1945년 해방은 봉건적 제도와 식민지배를 청산하고 새로이 근대화되고 자율적인 국민국가를 건설해나갈 수 있는 기회를 가져다주었다. 이렇게 과거의 굴레로부터 벗어나 미래를 향해 나아가는 1945년의 변혁지향은 민족·근대·민주로 요약될 수 있을 것이다. 민족·근대·민주로의 변혁지향과 관련하여 볼 때 1945년 이후 한국의 현대사가 1950년대의 민족 중심에서 1960~1970년대의 근대 중심으로 그리고 이어서 1980~1990년대의 민주 중심으로 그 일차적인 강조점이 각각 다르게 제기되면서 발전되어 온 것으로 파악하고자 한다.

1945년 해방의 변혁지향을 가로막은 대표적 세 가지 제약요인으로는 일본식민지배로 인한 한국사회의 미성숙과 불균형, 해방정국에 대한 미·소의 규정력, 동아시아 냉전질서의 부과를 들 수 있다. 미성숙한 가운데서도 가능성을 보유하고 있었던 해방의 변혁지향이 출발부터 좌절을 면치 못한 가장 큰 요인은 해방정국을 압도하고 부적절하게 개입했던 미국과 소련 등 외부세력의 규정력이었다. 제2차세계대전 이후 미국과 소련은 전후 세계질서 재편 과정에서 자국의 이익과 전략상의 우위를 확보하기 위한 경합을 벌이게 된다. 한반도는 그 지정학적 위치로 인해 미·소 간의 경합 지역 가운데 하나가 되었다. 즉, 미·소 간의 조정과 협상을 어렵게 만들어나간 세계적 냉전구도가 한반도에 살고 있는 미·소의 대리자로서의 남북한에 그대로 이입됨으로 인해서 변혁지향적 해방은 분단으로 귀결되고 만다.

냉전이란 미국식 자유주의와 소련식 사회주의라는 이념을 기치로 하여 정치-군사-경제적 차원에서 세계시장을 가능한 한 많이 자국의 영향권 내에 확보하려는 미국과 소련 간의 대결과 대치를 지칭한다. 유럽에서 시작되어 동아시아로 파급되어 나간 냉전질서는 미군과 소련군의 진주로 정치·군사적 영향을 강하게 받고 있었던 남북한에게는 주체적인 행위를 거의 불가능하게 할 정도로 막강한 영향력을 발휘하였다. 남북한 모두 동북아 냉전체제의 최전선을 담당하게 되면서 상호간에 죽이지 않으면 죽을 수밖에 없는 제로섬 게임같은 체제경쟁에 몰입하였다. 남한의 이승만과 북한의 김일성은 각각 미국과 소련의 지원을 받아 권력을 장악했고 그러한 유착관계가 정권안보와 경제적 이익에서도 유리한 만큼 더욱더 미국과 소련의 이해관계를 대변해나갔다. 해방-분단-전쟁으로 이어지는 일련의 정치·군사적 소용돌이 속에서 한국의 정치인들은 사회변혁의 내부적 역량과 기틀을 구축하고 안정화시키는 데 주력하기보다는 국제적 후원자와의 연계를 통해 정치적 생존과 개인적 이익추구에 더 많은 관심을 가졌다.

그러나 해방-분단-전쟁은 의도하지 않은 결과로서 일본식민지배 때와는 달리 한반도의 미래와 관련하여 변화 가능성과 역동성을 내재시켜주었다. 새로이 동아시아 냉전구도의 최전방에 자리 잡게 된 한반도의 운명은 세계적 강대국인 미·소의 동아시아 전략과 긴밀하게 연결되면서 과거에는 생각하지도 못했던 세계적 연관과 지평의 확대를 가질 수 있게 되었다. 지난날 '은둔의 나라'였던 한반도가 세계적 냉전구도의 전초기지화된 것이다. 이는 남북한의 비교를 통해 자본주의와 사회주의 가운데 어느 체제가 더 효율적이고 민주적인가를 놓고 저울질하는 체제경쟁 지역으로 변모하게 되었다는 것을 뜻한다. 이와 같은 세계적 조망과 관심은 그 이후 줄곧 한반도에 혁명과 같은 변화의 잠재적 역동성을 가져다주었다.

분단-국제적 냉전-한국전쟁을 거치면서 미국의 영향력 아래 놓인 남한은 자본주의 체제에의 편입이라는 선택의 여지가 없는 새로운 기회를 강요받게 된다. 분단과 냉전의 도래로 인해 남한은 대륙으로의 진출이 봉쇄되었고, 그래서 미국과의 종속적 연계를 바탕으로 서방으로 향할 수밖에 없었다. 남한의 외향화는 마치 조선시대 중국과의 관계와 흡사한 것이었다. 그것은 생존을 위해서 안보·경제상의 지원을 받는다는 수동적 차원을 넘어서서 선진 기술과 문물의 도입은 물론이고 미국식 생활방식과 사고까지 받아들이는 총체적 외향화였다. 일본-태평양-미국으로 이어지는 외향화 속에서 남한의 활동 반경은 공간적으로는 지난날의 협소한 극동지역을 넘어서서 구미지역으로 확대되었다. 그에 수반하여 사회·이념적으로는 과거의 농업-신분-폐쇄-왕조사회에서 산업-계약-개방-민주 공화사회로의 변화가 이루어졌다. 이러한 활동영역의 공간적 확장과 사회적 개방은 남한으로 하여금 짧은 시간 동안에 유 례없는 고도성장과 산업화를 가능케 한 원동력으로 작용했다. 남한의 외향화는 외세의 개입구도 속에서 정치적 고비마다 자 주·민주성을 제약하는 역할도 하였지만 동시에 국제적 제약 과 경쟁을 통해서 자의성과 향리적 편협성을 넘어서도록 하는 외부적 압력으로 작용하기도 했다. 이렇게 해방 이후에 전개 된 분단과 냉전은 그 이후 50여 년에 걸쳐 북한에게는 소련의 지원을 받으면서 대륙편향과 자립갱생(自立更生)을 도모해나 가도록 했고, 남한에게는 미국과의 연계 속에서 해양 지향과 종속적 발전을 도모하도록 규정한 중요한 요인이었다.

해방공간이 사회변혁으로 이어지지 못하고 종국에는 민족 분단과 적대를 중심으로 한 남북한 모두의 집단적 자기보신에 머물게 된 데에는 한국의 정치지도자들의 책임도 크다. 파당 화된 정치지도자들과 국민들 간에 지속적이고 의미 있는 의사 소통이 제대로 이루어지지 않았고 국민국가의 미래상에 대한 합의가 결여되어 있었다는 것이 그것이다. 1945년 해방은 일 본의 무조건 항복에 의해 일본식민지배에서 벗어날 수 있게 되었지만 신탁통치구상과 미군정의 실시 등으로 인해 주체적인 민족자결이 주어지지 않은 반쪽의 해방이기도 했다. 반쪽의 해방이라는 한계를 벗어나지 못한 채 한국의 정치지도자들은 미·소 간의 대립구도에서 제기되는 흐름에 따라 파당적 부침을 거듭하였을 뿐이다. 이러한 파당적 분열은 부분적으로는 일본식민지배 기간 동안 간헐적으로 진행되어 왔던 항일독립운동의 파편화와 분파성을 반영한 것이기도 했다.

해방 이전 항일독립운동은 특정인의 책임으로만 돌릴 수가 없는 요인들에 의해서 다음과 같은 파당화가 상호 중첩적으로 진행되어 나갔다. 민족해방의 이념을 둘러싼 사회주의와 문화민족주의 그리고 윌슨식 이상주의 간의 대치, 직접적인 무장투쟁과 간접적인 문화교육 계몽운동 그리고 외교적 접근으로 구분되는 항일독립운동 방식 간의 대립, 지역적으로도 국내와 국외 그리고 국외인 경우에는 미국, 상해, 만주, 연해주 등 독립운동 지역거점 간의 파벌화가 진행되고 있었다. 이렇게 해방이념, 투쟁방식, 지역거점화 등을 둘러싸고 전개된 항일독립운동의 각개약진(各個躍進)은 해방 이후 미·소 간의 대립구도에 의해 양극화된 파당화로 심화되어 나가면서 자율적 변혁지향을 위한 통합적 리더십의 출현을 제약했다. 상해임시정부나 조선건국준비위원회, 조선인민공화국 모두 정통성이나 대표성이 부인되었다. 미국과 소련은 1945년 이후 아래로부터 분출되는 새로운 변혁 요구에 대응하여 이를 실천해나갈 자율적 정치력이 조직화되는 것을 봉쇄한 것이었다. 자신의 취향에 맞는 리더십만을 선택하려는 미·소의 외부적 규정력은 이에 호응하는 한국사회의 일부 정치세력만을 육성하게 되었다. 그에 따라 국내 정치세력의 불구화·파편화·적대적 양극화는 더욱 강화되어가는 악순환을 낳았다.[2]

한민족의 의사와 요구를 무시하고 오직 자신들의 이익을 중심으로 한 미·소 간의 대치는 1946~1947년 신탁통치안을 둘러싸고 미소공동위원회의 협상결렬로 이어진다. 이에 따라 한반도와 관련된 문제는 1948년 남과 북에 각각 미국과 소련을 후원자로 삼는 두 개의 정부가 들어서는 것으로 귀착된다. 이와 같은 분단에는 이승만-김일성 등 기회포착에 능하고 권력의지가 강하며 정치조작 기술이 뛰어난 정치세력들도 큰 역할을 하였다. 요약하면 1945년 미·소의 군사적 편의와 정치적 고려에 의한 한반도의 38도선 분할로 시작하여, 1948년 8월과 9월 남과 북에 각각 다른 이념과 체제 그리고 각각 미국과 소련이라는 국제정치적 후원에 기초한 분립정권이 들어서게 된다. 이어 1950년 중국-소련-북한과 미국-유엔-남한 간의 국제적 군사대결인 6·25를 거치면서 국제적 냉전구도를 체제 내부화하는 민족분열로 치달아간다. 해방의 변혁지향은 남한에서는 반공주의와 권위주의의 결합으로, 북한에서는 군사주의와 유일체제의 결합으로 변질되어갔다.

1945년 해방의 변혁지향이 좌절된 이유로는 해방공간에서 정당성과 조직력에서 우위를 확보하고 있었던 좌파의 실패를 지적하고자 한다. 한반도를 미·영·중·소 4강대국에 의해 5년

간 신탁통치한다는 1946년의 모스크바 3상협정은 일면 다자간 국제협력을 통해 식민지 문제의 민족자결적 해결이라는 대의명분을 살리면서 동시에 동아시아 질서의 재편을 도모하려는 강대국 간의 현실정치적 합의였다. 그러나 신탁통치안은 해방 이후 즉각적인 독립을 염원하는 한국민족주의의 요구와 기대에는 찬물을 끼얹은 것으로서 한국민족주의의 입장에서는 선뜻 받아들이기 어려웠다. 이렇게 민감한 쟁점 상황에서 좌파가 신탁통치안을 지지한 것은 그대로 반민족적인 것으로 치부되었다. 그에 따라 1945년 해방공간에서 누렸던 좌파의 주도적 입지와 정당성은 크게 훼손되고 말았다. 찬탁논쟁을 거치면서 좌파에 대한 민족주의적 의구심이 나름대로 설득력을 얻게 되는 상황에 편승하여 미국의 반공·반소적 정책은 일련의 민중적·변혁지향적 좌파운동의 주도성을 보다 용이하게 봉쇄해나갈 수 있었다. 1946년 9월 총파업과 10월 인민봉기로부터 1948년 제주도 4·3항쟁에 이르기까지 한국 국민들의 변혁지향은 자생적이고 대중적인 불만 표출에 토대를 두고 있는 것이었다. 그러나 그것이 좌파의 정치적 이념이나 조직과 직·간접적으로 연관되어 있다고 인정되는 만큼 반공·반소 입장을 취하고 있있던 미군정에 의해 철저히 진압되었다. 이렇게 미군정이 좌파와 기층민중의 요구를 탄압하는 과정은 친일 기득권 세력의 온존과 함께 친미·반공적 우익세력의 득세로 이어지면서 1945년 해방의 변혁지향을 봉쇄·지연시키게 되었다.

1945년 이후 해방된 한반도에서 제기된 아래로부터의 변혁 요구는 일본식민지배의 잔재 척결, 근대적 국민국가와 자립경제의 건설, 민족의 민주적 자결과 정체성의 확립으로 요약될 수 있다. 이 가운데 일본식민지배의 잔재 척결과 민족의 민주적 자결이라는 과제는 남한의 경우 1945~1948년간 미군정의 실시로 인해 지지부진을 면치 못한다. 한민족의 역사에 대한 무지와 한국국민들의 민족주의적 갈망에 대한 몰이해 그리고 법·질서의 유지에만 집착한 행정편의적 발상으로 인해 미군정은 일제시대의 관료행정 구조를 그대로 유지해나갔고, 그에 따라 1945년 해방의 변혁지향은 철저히 무시되었다. 결국 해방은 일본의 자리를 대신하여 남과 북에 각각 미국과 소련을 놓고 그들의 영향과 지원에 의존하는 동시에 이익을 반영하는 정치질서를 가져오는 것으로 마무리되었다. 근대적 국민국가 건설이라는 과제도 미국과 소련의 이해관계를 반영하는 가운데 각각 반쪽의 국민국가 건설로 귀결되었다. 이후 분단의 해소라는 민족적 과제는 남북한 모두에서 건설적인 방향으로의 해결 노력보다는 맹목과 자기중심적 대결 속에서 지지부진을 면치 못했다. 즉, 한편으로는 생존과 발전의 문제와 연관하여 이른바 민족이 하나가 되는 것을 꿈에도 소원인 것으로 염원하고 당위적인 것으로 바라보면서도, 다른 한편으로는 상대방을 부정하고 자기중심적인 보신과 적대로 치달아 나가는 이율배반의 상태로 머물러 있었다.

1960년 4·19

  1948년 수립된 이승만정부와 김일성정부 모두 반쪽의 국민국가였다. 이 두 정부는 1945년 해방의 과제 가운데 하나인 통일된 국민국가 건설과는 거리가 멀었다. 그래서 출발부터 통일된 국민국가 건설을 지상과제로 내걸고 대치와 경쟁을 벌였다. 동일한 민족을 대상으로 같은 목표를 놓고 남한은 승공(勝共)통일을 도모하였고 북한은 남조선해방을 추구하였다. 1950년 한국전쟁은 이와 같이 미완으로 남아 있던 민족통일의 과제를 달성하기 위해서 남과 북이 벌인 한판 승부였다고 볼 수도 있다. 또한 한국전쟁은 전쟁에 대한 준비가 제대로 되어있지 않은 남한에 비해 만전의 준비가 되어 있는 북한이 군사적 우위를 점하고 있었기 때문에 강자에 의한 문제해결 방식이었다. 민족문제는 약육강식의 논리와는 다른 방식의 접근을 요한다는 점에서 한국전쟁은 반민족적이었다.

  1950년 한국전쟁은 분단을 해소하고 하나의 통일된 국민국가를 건설해야 할 역사적 과제를 놓고 북한이 먼저 선제공격을 개시함으로써 일어났다. 김일성의 남침은 남한보다 우월한 군사력을 바탕으로 1949년 중국 공산혁명의 성공이라는 동북아시아 국제정세에 편승하여 일으킨 일종의 내전이었다. 그러나 전쟁의 진행과정에서 미국, 중국, 소련 등 강대국의 힘겨루기로 성격이 바뀌자 한국전쟁은 그 누구도 승리를 예측하기가 어려운 국제전으로 비화되어 나갔다. 결국 한국전쟁은 강대국들의 개입으로 사실상 아무런 성과 없이 무승부로 끝났고 그 피해는 남북한이 그대로 떠안게 되었다. 한국전쟁에서 보여준 남북한 및 동아시아 강대국들 간의 무력대치가 전쟁이 끝난 이후에도 동아시아 국제냉전이라 일컬어지는 대립구도를 한반도에 부과함으로써 남과 북의 대치를 더욱 악화시킨 것이다. 한반도의 통일을 목표로 시작된 전쟁이 오히려 통일을 더욱 어렵게 만들었다는 역설은 미·소 간 냉전구도가 끝난 오늘날까지도 그 효력을 발휘하고 있다.

그러나 모든 사물에 내재하는 양면성은 한국전쟁에도 존재했다. 한국전쟁은 의도하지 않은 결과로서 한반도의 안정에 기여한 것이다. 한국전쟁의 경험은 역설적이기는 하지만 그 이후 무력을 동원한 한반도 통일 시도를 거의 불가능한 것으로 만들었고 그만큼 한반도의 안정화를 가져다주었다. 또한 한반도에 부과된 국제적 냉전구도의 고착은 민족통일에는 부정적인 영향을 미쳤지만 동시에 국제적 후원구도가 지속되는 한 남과 북 모두의 생존을 안정시키는 결과를 가져왔다.

무력을 동원하여 공산화 통일을 이루려는 김일성의 한국전쟁 시도가 무위로 끝나자, 이승만정부는 북한의 위협과 한국전쟁의 후유증을 십분 활용하여 취약했던 국내 정당성의 기반을 보강하는 한편 미국의 안보-경제적 지원을 바탕으로 정치적 활력을 재충전해나갔다. 한국전쟁 이후 이승만은 자신에게 도전적이었던 민족주의적 정치세력들을 억누르고 친미·반공노선에 편승하면서 장기집권으로 나아간다. 한국전쟁을 거치면서 동아시아에 부과된 냉전구도 하에서 이승만정부는 반공군사기지의 첨병 역할을 수행하는 한 다음과 같은 단기적 유용성을 활용하여 정권의 안정을 도모해나갈 수 있었다.

첫째, 가난하고 취약한 신생독립국가를 이끌어 나가야하는 이승만정부에게 경제적·군사적 기초와 재생산의 근거를 제공해주는 미국으로부터의 아낌없는 원조야말로 천운이었다. 미국의 원조가 냉전구도 하의 동아시아 정책의 하나로서 주어진 것이라고는 하지만, 어떻든 이승만정부는 미국의 원조를 민생을 유지하고 정권을 재창출하는 데 요긴하게 활용할 수 있었다.[3]

둘째, 이승만정부는 원조경제에 의존하면서도 동시에 미흡하나마 제분·제당·면방직 등에서 원료가공형 소비재의 수입대체산업화 성과를 이룩함으로써 나름대로 독자적인 국민경제의 기반을 다져나갔다. 특히 이승만정부는 농지개혁을 통해 토지계급의 봉건적 지배구조를 일정 부분 해체함으로써 농업경제의 자영화를 높이고 농민들의 지지를 얻어내었다.

셋째, 내무부·경찰·우익단체를 동원하고 특히 표몰이가 용이한 농촌지역을 중심으로 지방의회를 장악한 이승만정부는 대통령선거에서의 득표를 극대화하는 데 선점의 위치를 유감없이 활용하였다.

넷째, 이승만정부는 경쟁관계에 있는 공산주의 북한의 김일성정부와는 구별되는 것으로서 다당제 선거와 언론자유 및 경제자유 등을 허용하는 자유민주정부로서의 상징조작을 통해 한국전쟁을 경험한 국민들에게 양자택일을 강요하기가 용이했다. 미국의 압도적 지원에 힘입은 것이기는 하지만, 어떻든 북한의 군사공격을 막아낸 이승만정부의 성과는 한미동맹의 한 축으로서 이승만정부의 생존을 보장하는 데 더없이 유리하게 작용하였다.

그러나 1954년 초대 대통령의 중임제한 규정 철폐를 위해 무리하게 '사사오입 개헌'을 밀어붙이면서 이승만의 대중적 인기는 서서히 약화일로에 들어서게 된다. 이승만정부의 독주와 전횡은 범야연합전선의 구축을 통해 1955년 민주당의 창당을 가져왔다. 이승만정부에 대한 범야권 대항세력의 약진은 1956년 부통령선거에서 민주당 후보인 장면을 당선시킴으로써 1960년 대통령선거에서 정권교체의 가능성을 시사해주었다. 이승만의 4선 대통령을 획책하는 자유당정권은 1958년 국가보안법을 강제로 통과시킨 '2·4정치파동', 지방자치단체장을 선거제에서 임명제로 바꾼 지방자치법의 개악, 1959년 민주당 신파계열의 야당지인 「경향신문」의 폐간조치 그리고 1959년 진보당 당수 조봉암에 대한 사형집행을 거치면서 국민들로부터 더욱 멀어져 갔다. 1950년대 중반 이후 가속화된 민심이반과 그에 따른 이승만정부의 정당성 위기는 3·15 부정선거라는 결정적 하자를 통해 1960년 4·19라는 혁명적 대중봉기를 촉발하게 된다.

4·19는 엄밀한 의미에서는 혁명이 아니다. 이승만의 하야와 자유당의 몰락이라는 정치적 변화를 제외하고는 여전히

1950년대 친일지주 지배의 사회구조와 반공·보수 이데올로기의 주도, 시장경제, 대미종속관계가 그대로 지속되고 있었다는 점에서 그렇다. 4·19 이후 정치권력을 떠맡은 민주당의 경우도 그 기원이 친일지주의 보수적 정치세력인 한민당에 있는만큼 4·19는 사회구조상의 변화는 거의 없이 엘리트 간 교체에 머물렀다는 결정적인 한계를 갖고 있다. 4·19가 1950년대한국사회의 정치·경제·민족적 모순에 대한 문제제기와 저항을 담고 있다고는 하지만, 역동적인 혁명적 역량을 조직적으로 동원·재창출해나갈 지도부의 부재로 인해 자연발생적 수준에서 요구된 정권교체에 머물렀다. 그럼에도 불구하고 간혹 4·19를 혁명으로 지칭하는 이유는 학생-지식인-시민들의 자연발생적이면서 역동적인 시위가 경찰-행정조직-관변단체의강제력을 갖추고 있었던 이승만정부에 대항하여 이를 붕괴시켜나간 극적인 정치변동에 주목하기 때문이다. 그러나 기본적으로 4·19는 혁명이라기보다는 대내적으로 자유민주주의의실현이라는 반독재 민주화의 정치적 변혁을 지향하는 동시에대외적으로 자주화 통일이라는 민족주의 열망이 표출되고 강조되어 나간 변혁지향으로 볼 수 있다.

4·19가 반독재를 중심으로 광범위한 아래로부터의 추동력을 얻게 된 직접적인 계기는 1960년의 3·15 부정선거이다. 그러나 보다 근원적인 추동력은 처음부터 정권기반의 취약성을면치 못하고 있는 가운데 지속되어 온 이승만 통치 12년을 청산하고 새로운 돌파구를 찾아나서려는 국민들의 변화 요구로

부터 비롯된다. 1952년 발췌개헌과 1954년 사사오입 개헌에 이어 1958년 국가보안법 파동 등 일련의 정치파동으로 인해 이미 이승만정부는 정당성이라는 측면에서 심각한 위기에 처해 있었다. 1960년 3·15 부정선거는 이러한 정치적 파행과 불법의 절정이었다. 또한 이승만정부가 정치적 취약성을 보강하기 위해서 경찰이나 행정조직과 같은 국가관료 기구에 의존하는 만큼 이러한 후원-의존관계를 이용하는 관료들의 일상적 부패는 정부의 도덕성을 더욱 악화시켜나갔다. 가장 중요한 민생경제 문제와 관련하여 1950년대 이승만정부는 초기에는 미국의 원조에 의존한 고도 경제성장과 귀속재산의 불하를 통해 지지기반을 확보했다. 그러나 시간이 지날수록 저미가(低米價)정책과 미국의 잉여농산물의 대량유입에 따른 농촌경제의 파탄으로 인해 대다수 농민들로부터 광범한 불만을 사게 되었다. 이승만정부의 경제를 지탱해주었던 미국의 원조도 1957년 3.8억 달러에서 1958년 3.2억 달러와 1959년 2.2억 달러로 격감됨에 따라 경제성장률도 1957년 8.7%에서 1958년 7.0%, 1959년 5.2%로 떨어졌다. 1960년에는 완전실업률 8.2%와 잠재실업률 26%를 포함, 총 실업률이 34.2%에 달할 정도로 민생이 위기에 처하게 되었다. 1950년대 말의 경제·사회적 상황은 이승만정부의 교체를 통한 민생회복을 일차적 쟁점으로 전면에 부각시키고 있었다.

4·19의 진행은 1960년 2월 28일 경북고 학생데모로부터 시작하여 3월 15일 마산시위와 김주열 사망 그리고 이에 항의

하는 4월 11~13일 마산에서의 두 번째 시민봉기, 4월 18일 고려대 데모와 피습 그리고 4월 19일 서울에서만 104명의 사상자를 낸 '피의 화요일'의 대규모 학생과 시민이 참여한 시위, 4월 25일 대학교수단의 시국선언과 시위, 4월 26일 이승만 대통령 하야로 종결된다. 학생-지식인-시민 연대의 민주-민생-민족운동으로서 4·19의 변혁지향에서 중심 추동력은 학생들이었다. 이는 1960년경 학생의 수가 거의 10만에 달할 정도로 양적인 팽창을 하고 있었고 정치의식에 있어서 자유민주주의와 민족주의를 수용하고 있는 근대화 부문의 선두주자이자 잠재적 엘리트층이었던 만큼이나 도덕적 사명감도 컸기에 가능한 것이었다. 이승만정부의 장기집권과 부정부패에 실망한 대학생들의 도덕적 분개가 비조직적이지만 대대적이고 강력한 정치행동으로 표출되면서 이에 대한 시민들의 지지가 합세되자 4·19는 이승만정부에 대항하고 이승만을 퇴진시킬 수 있을 만큼 강력한 아래로부터의 압박과 강제를 확보할 수 있었다.

4월 26일 이승만의 하야와 자유당정부의 몰락을 가져온 또 하나의 중요한 요인은 군부와 미국의 반이승만 역할에서 찾을 수 있다. 군부는 학생-시민의 시위에 대해 불개입의 중립을 지킴으로써 사실상 학생시위를 묵인했다. 더욱 중요한 것은 미국이 이승만의 독선과 비효율에 실망하여 기존의 현상유지로부터 새로운 친미적 정부를 만드는 것으로 입장을 조정해나가는 과정에서 이승만 하야 요구를 통해 군부가 중립을 지키도록 압박함으로써 사실상 승자의 편을 들어주었다는 점이다. 이렇게 볼 때 4·19는 직접적으로는 학생-지식인집단-시민의 시위로부터 추동력을 얻은 것이지만, 배후-지원적으로는 군부의 동조를 통해서 그리고 미국의 사실상의 이승만 지지철회를 통해서 그 성공이 가능할 수 있었다. 4·19가 이렇게 부분적으로 반공-친미-효율을 중시하는 군부-미국과의 합작품인 한, 그것은 혁명이라기보다는 민주주의의 일탈에서 정상적인 민주주의 이행과 함께 이를 통해 민생경제의 회복을 가져오려는 민생적 요구가 이끌어낸 민주화운동이었다.

  그런데도 4·19를 아래로부터 촉발되는 혁명적 요소와 잠재적 역동성을 보유하고 있는 변혁지향의 대표적 봉기로 파악하는 이유는 다음과 같다. 우선 4·19는 1948년 이후 미국에 의해서 확장된 자유민주주의 이념과 제도를 1950년대 이승만정부의 시행착오를 거치면서 비로소 하나의 가치이자 목표로서 설정하도록 한 아래로부터의 요구이자 제도적 실현이었다. 비록 얼마 지나지 않아 5·16 쿠데타에 의해 4·19가 주창했던 자유민주주의의 제도가 보류되기는 했지만, 그 이후에도 정치이념의 정당화 차원에서 자유민주주의의 가치가 부정된 경우는 거의 없었다. 박정희의 쿠데타나 유신체제가 자유민주주의를 강제로 훼손시키고 보류시킨 것은 사실이지만, 그 경우에도 공산독재인 북한과 구별되어야 하고 외형적 형태에서나마 자유민주주의를 갖출 것을 원하는 미국의 최소한의 요구에 부응하기 위해서 자유민주주의를 부정하고 권위주의를 절대시

할 수는 없었다. 그래서 대다수 정치인들이나 일반 국민들에게 자유민주주의의 가치와 유효성은 4·19에서 요구한 바대로 지속되어 나갔다. 그러했기에 이후 한국정치사에서 4·19는 그 누구도 부정할 수 없는 민주혁명의 상징이자 이정표로 자리 잡게 된다.

4·19는 이승만 시대의 시장경제체제에 대해서 부분적인 수정을 가져왔다. 경제성장에 있어서 국가의 역할에 대한 요구와 부의 균등한 분배 그리고 자립-자족의 경제 건설에 대한 4·19의 강조는 해방이 못다 이룬 경제적 과제를 새로이 정립시켜나간 정치변동이었다. 물론 1950년대의 시장경제와 사유재산제도를 부인한 것은 아니지만 4·19를 통해 재확인된 국가계획과 자립경제의 새로운 요구는 그 이후 국가주도산업화로 나아가도록 하는 사회적 압박으로 작용하였다. 또한 1950년대 지속되어 온 대미종속관계와 남북한 적대관계 등 반공과 친미의 대외관계 틀에 대해서도 새로운 문제제기와 함께 민족주체적 차원에서의 자주와 남북한 평화질서 구축이 강조되었다. 여전히 냉전구도가 지배적인 1960년의 상황에서 아직은 동등한 대미관계의 정립과 중·소와의 화해 그리고 가장 중요하게는 남북한 교류·협력으로 나아가도록 강제하기에는 4·19의 자주적 대외 지향이 제한적이었을 지도 모른다. 그래도 1950년대를 넘어서서 민족자결과 민족정체성 확보라는 해방의 민족주의적 과제에 대한 재조명은 충분히 이루어졌다고 볼 수 있을 것이다.

1960년 이후 40년이 지난 2000년대의 시점에서 볼 때 남한과 중·소 간의 화해는 1980년대 말 탈냉전 지향적인 사회주의권의 개방·다원화 흐름 속에서 가능할 수 있었고, 남북한 교류협력은 2000년대 미국 클린턴정부와 한국 김대중정부의 대북포용정책 공조 속에서 활발히 전개될 수 있었다. 그리고 동등한 대미관계 정립은 2002년 말 여중생 추모 촛불시위와 노무현 대통령을 당선시킨 16대 대통령선거를 전후해서 그 가능성이 엿보이기도 했다. 그러나 2004년 현재에도 동등한 방향으로의 한미관계의 진전은 60년에 걸친 불평등한 한미동맹 관계의 관성과 1950년 이후 북한의 위협에 대처해야 한다는 안보의식 그리고 1990년대 이후에는 북한의 핵개발 위기에 따라 한미공조를 유지해나갈 필요성으로 인해 여전히 제약을 받고 있다. 해방 이후 지속되어 온 미국 주도 세계시장에 대한 한국경제의 심대한 의존성으로 인해 2004년 현재에도 동등한 한미관계는 미완의 숙제로 남아있다.

2002년 16대 대통령선거

　　2002년 제16대 대선은 선거혁명으로 지칭될 정도로 괄목할 만한 정치적 변화를 보였지만, 선거가 혁명일 수는 없다. 무엇보다도 선거에는 아래로부터의 폭력이나 강제가 결여되어 있으며, 사회구조와 국가구조의 급격한 변화를 초래하지도 않는다. 그래도 변혁지향의 하나로서 2002년의 대통령선거에 주목하는 이유는 노무현의 대통령 당선과 민주노동당의 발진에서 두 가지의 특별한 의미를 찾을 수 있기 때문이다. 하나는, 노무현의 대통령 당선이 신자유주의의 틀 속에서 움직이는 한계를 보이겠지만 그래도 한국형 '제3의 길'을 의도하고 지향하는 시작일 수 있다는 점이다. 다른 하나는, 민주노동당의 발진이 노동의 정치적 자리 찾기가 본격적으로 시동될 것임을 예고해주고 있다는 것이다.

선거라는 제도를 통해서 평화적이고 온건하게 변화를 추구하는 변혁지향의 대표적 사례로 칠레의 아옌데 정부를 들 수 있다. 미국의 개입으로 인해 결국 좌초하고 말았지만, 아옌데 정부는 의회적 방식으로 민주사회주의 실현을 시도했던 몇 안 되는 사례이다. 여기서 주의할 것은 노무현정부의 등장과 민주노동당의 자리 잡기가 과거식의 사회주의를 지향한다고 보는 것이 아니다. 오히려 21세기 탈냉전-지구화 흐름 속에서 과거와는 다른 새로운 형태의 민족-지구-민주를 지향하는 정부라는 데서 변혁지향의 가능성을 찾아보고자 한다. 노무현정부의 출범과 민주노동당의 발진이 실제로 어떤 형태의 변혁지향을 얼마나 실천하는 가는 5년의 임기가 끝난 이후에야 평가할 수 있기 때문이다.

그러나 변혁지향의 가능성으로서 2002년 대통령선거의 의미는 적지 않다. 우선, 선거의 변혁지향성은 선거를 통해서 표출된 아래로부터의 변화 요구를 지칭한다. 2002년 대선을 보면, 국회 내 과반수의 의석을 확보하고 있으며 이회창 대세론을 통해 일사분란하게 움직이고 있었던 한나라당이 마지막까지도 대통령 후보를 내세우지 못한 채 지리멸렬을 면치 못했던 민주당의 비주류인 노무현에게 패배했다는 정치적 역동성이야말로 대표적인 아래로부터의 변화 요구를 반영하고 있다는 것을 알 수 있다. 선거를 통해서 표출된 아래로부터의 변화 요구는 2002년 월드컵광장에서 분출되었던 신세대를 포함한 전 국민의 열정·통합·참여의 연장선상에 있다고 볼 수 있다. 그래서 21세기의 탈냉전과 세계화-정보화의 시대정신 내지는 아래로부터의 변화 요구와는 동떨어진 채 대통령선거를 구태의연하게 국회의원들의 정치무대로 생각했던 이회창 중심의 한나라당과 이인제-한화갑-권노갑 등 민주당 주류에 대한 국민들의 거부라는 데서 2002년 선거의 의미가 존재한다.

1945년 이후 열 번에 걸친 대통령 직접선거 가운데 특별히 2002년 12월의 제16대 대통령선거에 주목하는 또 하나의 이유는 노무현의 당선이 무엇보다도 노풍-정풍(정몽준)에서 보듯이 20-30대 세대의 변화요구가 강하게 부각되면서 전체적으로 낡은 정치의 청산에 대한 국민들의 요구에 바탕을 둔 것이기 때문이다. 대통령선거에서 지지의 세대별 쏠림이 나타났다는 것은 정치적 대표체계에 있어서 세대 간 균형을 요구함으로써 향후 '근대에서 지구로' 나아가는 정치적 활동가의 세대교체가 본격화될 것임을 확인해주고 있다. 2002년의 한국적 상황에서 21세기라는 새로운 세기적 전환과 함께 무언가 변화를 요구하는 바람이 탈냉전적-탈권위주의적 사고의 부상 속에서 세대교체라는 이름으로 제시하는 내용은 보다 실질적이다. 그것은 가치관과 정치질서, 사회구조와 경제운용방식, 대외관계 등에서의 변화와 새로운 균형을 의미한다. 노무현이 캐치프레이즈로 내걸었던 낡은 정치의 청산이라는 것도 세대교체 속에 담겨있는 정치적 내용의 한 부분일 뿐이다. 세대교체라는 의미로 요약되는 변혁성은 1987년 민주화 이후의 민주주의에서 여전히 온존하여 온 관료적 권위주의-노동배제적 획일주의-냉전반공주의-가부장적 관행에 대한 도전이자 갱신 요구를 뜻한다.

노무현은 비록 명목상으로는 여소야대(與小野大)의 민주당 후보이지만 민주당의 비주류로서 국민참여 경선과 여론조사 경선이라는 독특한 경선과정을 거치면서 어렵사리 단일후보로 나섰다. 각종 여론조사에서 노무현이 이회창보다 앞서고 있을 때에도 실제의 당선 가능성이 희박한 것으로 나타난 것은 한국사회의 비주류인 노무현에 비해 이회창이 조선-동아-중앙 등 막강한 주류언론의 지원을 받고 있기 때문이었다. 그러나 2002년 대선에서 비주류인 노무현의 당선은 3.9%의 득표(95만 7천여 표)를 얻은 민주노동당의 선전과 함께 향후 한국의 정치가 기존의 보수 일색의 정당 틀에서 벗어나는 변화를 보여 줄 것임을 예고해주고 있다. 2002년 선거의 변혁지향을 상징하는 세대교체의 변혁적 요구는 향후의 정치와 경제·사회 그리고 대외관계에 커다란 영향을 미칠 것으로 보인다.

낡은 정치의 청산이란 1950년대 이후 권력의 사인화(私人

化)와 밀실정치 그리고 '제왕적' 내지는 '위임민주주의적' 대통령제의 청산이라는 요구로 나타나고 있다. 가장 획기적 변화로는 검찰의 독립성 강화를 통한 대대적인 정치자금 수사로 인해 앞으로는 만성화된 돈 선거가 상당한 수준으로 해소될 전망이라는 것이다. 장기적으로는 개인적 자아의식과 정체성의 강조, 정치과정에서의 투명성과 탈획일주의, 자원봉사 활동의 확대, 그리고 인터넷신문이라든가 사이버정당과 같은 새로운 공론장의 활성화를 통해서 참여민주주의로 한 걸음 더 나아가는 계기가 마련되었다. 2002년 대선에서 나타난 괄목할 만한 또 하나의 현상은 유권자들이 더 이상 낡은 정치의 수동적 동원 대상으로 머물지 않고 새로운 정치를 추구하는 능동적 운동주체로 나섰다는 점이다. 2004년 3월 대통령탄핵을 둘러싼 공방에서 주권재민 원칙의 재정립과 참여민주주의의 확대·심화가 그 대표적인 사례이다. 이는 지난 30여 년에 걸쳐 진행된 한국사회의 커다란 구조적 변화를 반영하고 있는 것으로서, 분단과 한국전쟁 및 냉전구도라는 비정상과 공포에 바탕을 두고 만들어진 반공·안보 중심의 권위주의적 질서가 해체 과정에 들어서기 시작했음을 보여주고 있다.

1987년 민주화 이후 노무현의 당선까지 한국 국민들의 변혁 요구가 정치적으로 반영되는 데 지체된 이유 가운데 가장 큰 것은 김영삼–김대중으로 대변되는 지역주의 정치관행이 정리되지 않았기 때문이었다. 1970~1980년대 동안 직접 대통령을 뽑지 못하다가 어느 날 주어진 1987년 이후의 선거는 중앙정치 엘리트들에 의해 지역감정을 부추긴 표 동원으로 얼룩져 나갔다. 그러나 2002년 대선은 지역주의 정치가 양김 시대를 거치면서 조만간 수명을 다할 것임을 시사해주었다. 2002년 대선에서 약진을 보인 민주노동당이 여론조사 지지율에서 민주당과 자민련에 육박하고 있다는 사실은 향후 지역주의 정치의 퇴색이 더욱 진전될 것임을 시사해주고 있다. 이렇게 2002년 대선은 향후 한국의 정치가 지역이나 이념 대립이 아닌 합리적 보수-진보로 나뉘는 정책대결 내지는 자유민주-사회민주로 대별되는 방법론적 대안 간의 경쟁으로 정치구도를 바꿔나가는 물꼬가 되고 있다.

이미 1997년 대통령선거에서도 입증된 바 있지만, 2002년 대선에서도 대통령선거가 진행되는 동안 북한핵 문제와 같은 북한 변수가 별로 위력을 발휘하지 못하였다. 민주노동당이나 사회당 등을 포함하여 다양한 스펙트럼의 가치와 이념을 보유한 정치세력들이 각각의 영역에서 본격적으로 경쟁을 할 수 있도록 정치적 시장은 더 한층 개방되었고 그만큼 새로운 정치의 출발은 확실하다. 1987년 절차적 민주화 이후 이제 실질적 민주화가 전개되어야 할 것으로 설정되는 2002년 대선 이후 민주주의 내용에서 가장 중요시되는 것은 권위주의의 탈각일 것이다. 책임의식이 결여된 채 기득권 방어에만 초점을 맞추고 있는 다양한 영역의 엘리트들이 가부장적 상하 위계질서에서 벗어나 수평과 공유의 의식으로 나아가는 것이야말로 한국사회의 일상 속에 남아 있는 권위주의적 의식과 관행을 청산해나가는 최우선적인 작업일 것이다. 이 점에서 노무현정부가 역점사업으로 추진하는 지방분권과 균형발전은 서울(서울시-서울대-강남 8학군)을 중심으로 계급화를 보이고 있는 이른바 동심원적 엘리트구조의 편협성과 배타성을 깨뜨리는 데 크게 기여할 것으로 보인다.

2002년 대선은 21세기 세계화-반세계화의 변증법적 흐름을 담아내고 있다. 이에 따라 앞으로 한국사회는 경제운용에 있어서 시장과 국가의 역할 간의 균형이라는 틀을 넘어서서 소비자와 생산자의 경제권력을 강화하고 또 국가의 기업가로서의 역할 못지않게 복지제공자로서의 역할에도 강조점을 두는 이른바 한국형 제3의 길로의 가능성에 직면하고 있다. 또한 2002년 선거에서 많은 표를 얻지는 못했지만 이미지 쇄신과 미래 가능성을 마련했다는 점에서 민주노동당의 등장과 민주사회주의적 요구는 20세기의 자유민주주의를 보강하고 변혁시켜나갈 전망이다. 노무현정부의 국민소득 2만불 시대 구호에 대해서는 신자유주의적 성장제일주의의 틀에 묶여 있다는 비판이 제기되고 있는가 하면 다른 한편으로는 선성장-후분배가 아닌 성장-분배의 선순환의 측면에서 의미를 찾고자 하는 의견도 있다. 논쟁의 어느 쪽에 서든, 2002년 선거를 통해서 제기된 한국형 제3의 길은 환경권과 노동권의 강화를 통해 궁극적으로 인간적인 존엄성을 확보하는 데 있음이 분명해 보인다. 세계경제의 글로벌화에 대응하여 국가경쟁력 강화만이 아닌 인간적인 얼굴을 가진 자본주의 경제시스템의 구축이라든가 지속가능한 성장의 문제 그리고 남한 중심의 국가주의를 넘어서서 남북한 및 동북아 공동체 차원의 공동번영 및 평화로 나아가는 참여정부의 시도에 대해서는 앞으로도 비판과 옹호가 치열하게 전개되어 나갈 것으로 보인다.

2002년의 선거혁명은 참여민주주의를 부각시킴으로써 정치민주화에 이은 '사회의 민주화'를 과제로 설정하고 있다. 정치 영역에서뿐만 아니라 기업체와 교육제도, 문화 분야 등 사회 전분야에 걸쳐 중앙집권적 위계질서의 철폐와 모든 구성원들의 결정권의 균등화 내지는 민주적 공동결정권이 옹호되도록 하는 데 역점을 둘 전망이다. 따라서 사회구조의 재배치와 분배구조의 재정립을 둘러싸고 교육과 조세 등에서도 유의미한 변화를 가져올 것으로 예상된다. 부동산투기 문제와 관련하여 토지공개념이 재등장하고 있고 교육 현장에서도 교수협의회라든가 교사회의 활성화, 교장선출보직제 논의, 사학재단의 공익성 강화 등을 통해 교육에서의 참여기회가 확대되고 있는 것 등이 그 예이다. 행정수도의 이전을 포함하여 자립형 지방화를 추진하고 지방분권화와 권역별 특화를 통해 지역균형발전을 도모해나가는 노무현정부의 역점 정책도 넓게는 사회의 민주화를 통해 21세기 세계화 시대에 걸맞는 한국 국민들의 삶의 질을 향상시키는 데 목표를 두고 있는 것으로 볼 것이다.

김대중정부에서 대북포용정책의 실험을 통해서 자리 잡게 된 대북한 화해·협력의 기조는 이번 선거혁명을 거치면서 대세로 자리 잡게 되었다. 이에 따라 노무현정부는 남북한 화해협력과 동북아 경제공동체의 실현에 주도적으로 참여함으로써 동북아중심국가 건설로 나아가는 한반도의 '평화-번영'의 시대를 추진하고 있다. 2002년 선거는 기존의 반공-승공의 이데올로기적 지배구조를 따돌림으로써 이제는 '가장 긴 남북한 평화공존이 가장 짧은 평화통일의 지름길'이라는 인식을 토대로 새로운 남북관계가 자리 잡게 되었다. 금강산 관광을 넘어서서 2004년에는 개성공단에서 남한의 기업이 북한 노동자를 고용하여 함께 일하는 모습을 보게 될 정도로 남북한은 하나씩 적대적 과거에서 벗어나고 있다.

또한 2002년 선거 직전 여중생 사망사건을 계기로 한미주둔군지위협정의 개정 등 한미관계의 정상화와 대미관계에서의 동등권 회복을 요구하는 아래로부터의 움직임이 광범한 호응을 받고 있다. 때마침 미국의 동아시아 전략의 변화와 맞물리면서 주한미군의 평택 재배치가 추진되고 있다. 이와 같은 한미관계의 점진적 성격 변화는 남북한관계의 탈냉전적 변혁 지향과 관련하여 앞으로도 계속 진행되어나갈 전망이다.

쿠데타 : 이승만, 박정희, 전두환

1952년 이승만의 부산정치파동

1952년 부산정치파동은 쿠데타나 다름없는 대표적인 반국회적 폭거이다. 이승만의 부산정치파동을 쿠데타에 버금가는 것으로 규정하는 이유는 무엇보다도 당시 한국전쟁으로 인해 피신해 있는 임시수도 부산에서 계엄령이 선포된 가운데 이승만 대통령이 요구한 대통령 직선제 개헌안을 강압적으로 통과시켰기 때문이다. 개헌안 통과를 위해서 이승만은 국회해산 위협, 국회의원에 대한 강제 억류, 대중동원에 의한 국회의원 소환 운동, 반대자에 대한 공산주의자 매도, 백골단·땃벌레 등 폭력단체들에 의한 협박을 총동원하였다. 물론 이승만은 야당 측의 내각제개헌안을 봉쇄하기 위해서 국회의 내각불신임권과 국무총리의 각료추천권을 양보함으로써 야당의 체면을 살려주는 타협도 구사하였다. 기본적으로는 강제와 위협에 의존하면서도 형식에 있어서는 국회에서의 타협과 동의를 통해 발췌개헌안을 통과시킴으로써 쿠데타라는 오명으로부터 벗어날 수 있었다. 그러나 필자는 이 사건을 헌법개정을 하지 않고는 이승만의 대통령 재임이 쉽지 않은 정치적 상황을 해소하기 위해서 국회동의라는 합헌적 형식을 취하면서도 실제에 있어서는 한국전쟁이라는 위급한 상황을 이용하여 폭력과 협박이 개입된 개헌이라는 점에서 궁정쿠데타에 가까운 것으로 보고자 한다. 이 쿠데타적 폭거를 통해 이승만은 1952년 대통령선거에서 74.6%의 압도적인 득표로 연임에 성공할 수 있었다. 이렇게 부산정치파동은 대통령 연임이 불확실해 보이던 위기상황을 돌파하고 이승만의 대통령 연임이라는 대세를 이끌어냄으로써 권력기반 강화에 기여하였으며 그 이후 이승만정권이 장기집권으로까지 나아갈 수 있는 초석을 마련해주었다.

이승만이 부산정치파동을 통해 권력기반을 확고히 할 수 있었다는 것이야말로 한국전쟁의 대표적 역설 중의 하나이다. 왜냐하면 이승만정부를 병합하기 위해서 김일성에 의해 촉발된 한국전쟁이 죽어가는 이승만을 살려주었기 때문이다. 한국전쟁의 발발 직전 1950년의 5·30 총선에서는 무소속이 62.9%의 득표를 할 정도로 반이승만과 반민국당 세력이 대거 국회에

진출함으로써 이승만과 민국당에 대한 견제가 그만큼 커질 수 있었다. 경제의 난맥상과 5·30 총선에서의 패배로 인해 반이 승만의 분위기가 고조되고 있었던 1950년 6월 한국전쟁의 발발은 민주주의보다는 전쟁수행을 위해서 전시 동원체제를 구축할 필요를 전면에 부각시킴으로써 이승만을 구출해주었다. 전쟁 중에 발생한 거창양민학살 사건이라든가 국민방위군 사건 등 정부의 무책임한 실정과 부정부패가 용인될 수 있었던 것은 한국전쟁의 위급함이 워낙 컸기 때문이었다. 한국전쟁으로 인한 긴급하고도 즉각적인 전시 동원체제는 모든 비판과 반목을 접고 이승만의 전쟁수행 지도력을 중심으로 하여 단합과 결속을 가져다주었다. 이와 같은 전시의 대중동원력을 기반으로 1952년 이승만은 부산정치파동을 통해 자신의 개인적 권력을 강화해나갈 수 있는 제도적 장치를 확립하게 된다. 이렇게 볼 때 부산정치파동은 전적으로 이승만의 권력의지의 표출이자 그 산물이었다.

1952년 부산정치파동은 한국의 헌정사에서 집권자가 헌법개정을 통해 집권연장을 도모해나간 최초의 사례로 이후 반복되는 무분별한 헌법개정의 시초가 된다. 1952년의 시점에서 이승만은 자신에 대한 국회 내 지지 세력이 미약했기 때문에 대통령을 국회에서 선출하도록 되어 있는 대통령간선제 헌법하에서는 차기 대통령이 될 가능성이 적었다. 그러나 한국전쟁이라는 특수한 위기 상황과 사회의 지도층에게는 받아들여지지 않았지만 비공산주의적 대중에게는 큰 호소력을 갖고 있는 개인적 인기 그리고 이승만을 대체할 정도의 지도력을 갖추면서 국민적 합의를 이끌어낼 수 있는 전국적 인물의 부재로 인해 결국 직선제 개헌안을 고집스럽게 밀어붙이는 이승만의 강경노선은 7월 4일 발췌개헌안 통과로 귀결되고 만다.

부산정치파동은 임시수도인 부산에 계엄령을 선포하여 50명의 야당 의원들을 구금하는 등 국회의원에 대한 탄압과 구속재판을 통해 불법과 폭력이 동원된 궁정쿠데타의 하나이다. 이렇게 쿠데타적 폭거가 성공을 거둘 수 있었던 것은 그만큼 국회의원들이 무능하고 민주적 방식에 대한 신념이 결여되어 있으며 부정부패가 빈번했다는 것을 뜻한다. 부산정치파동을 거치면서 이를 집단적으로 대항하여 막지 못한 국회의원들은 의회주의의 정당성과 대중적 지지기반을 잃게 되고 그로 인한 정치적 나약함은 이후 권위주의적 행정부 중심의 정치로 연결된다. 또한 부산정치파동은 집회와 시위, 서명 등을 통해 대중의 압력이 정치과정에 직접적으로 행사되도록 위로부터 조작·동원된 폭력적 정치변동의 하나이기도 하다.4) 그리고 부산정치파동은 그 이후의 주요한 정치파동에서 보듯이 이승만, 박정희, 전두환, 김영삼, 노무현에서 돋보이는 정치적 뱃심과 같이 정치행위자가 중요한 변동요인으로 작용함을 확인해주고 있다.

부산정치파동은 그 이후 한국정치에서 왜곡과 파행, 독재로의 이행의 시작인 동시에 정치변동에서 미국과 군부의 개입 가능성을 상수로 설정해나가는 대표적인 정치적 일탈의 하나이다. 왜냐하면 군부가 처음으로 국내정치의 움직임에 민감하게 반응하면서 개입을 고려했기 때문이다. 부산 일대에 계엄령이 선포될 무렵 육군본부 내에서 구체적인 거사계획이 논의되는데, 이용문, 박정희, 유원식 등이 2개 대대 또는 1연대 병력을 동원하여 이승만을 제거하려는 움직임이 바로 그것이다. 이 때 유엔군 측이 지지만 해준다면 한국군이 행정부와 계엄사를 접수하여 국회가 정상적으로 운영되도록 보장할 것이라는 군부의 제안은 종국적으로는 6월 4일 이승만 지지와 군사개입 반대라는 미국의 최종 결정과 함께 유야무야 된다. 부산정치파동 이후 4·19나 광주민주항쟁에서 보듯이 항상 한국군의 정치개입 내지는 불개입의 배후에는 암묵적으로 미국의 의사가 연계되어 작용했다. 이는 한국정치에 대한 미국의 영향력을 가장 상징적으로 보여주는 것이라 하겠다.

부산정치파동은 한국정치에 있어 미국의 영향력이라든가 개입 가능성과 같은 문제뿐만 아니라 이러한 문제의 동전 양면적인 것으로서 한국의 정치행위자들이 미국의 의도에 대해 어느 정도로 그리고 어떻게 대응-변형-도전-무마시켜나갈 수 있는지를 보여준 최초의 사례이다. 부산정치파동에서 이승만은 물론이고 야당이나 군부 모두 미국의 의도와 판단이 한국정치에 결정적인 영향을 미치는 요인임을 인식하고 있었다. 실제로 이승만의 반의회적 폭거를 어떻게 다룰 것인가에 대한 미국의 최종 선택이 부산정치파동의 전개를 좌우하는 결정적인 요소로 작용하고 있었다. 종국적으로 한국 내에서 의회주의 내지는 대의민주정치가 보존되어야 한다는 대의명분보다는 전쟁수행과 관련한 UN군의 군사행동을 위해서는 여전히 이승만이 유용하다는 현실적 판단에 따라 7월 4일 이승만의 직선제 개헌안이 국회에서 통과됨으로써 부산정치파동은 이승만의 연임을 보장해주게 된다.

부산정치파동을 기점으로 하여 이승만정부는 초기의 상대적으로 민주적이고 개혁적인 체제에서 권위주의적인 체제로 전환하여 나갔다. 물론 1952년 이전 한국의 상대적 민주성은 1948~1950년의 유동적인 정치 국면과 민주적 제도에 대한 미국의 강조 그리고 1950년 선거에서의 힘의 균형의 산물이기도 하다. 1948년 제헌의회 선거를 통해 미국은 이승만의 대중적 인기와 대중조작 기술에 기대어 남한 내의 단독정부를 구성하는 데 성공을 거두었다. 그러나 미국은 1948년 제헌의회 선거에서 단정참여를 거부한 중간파들의 입장을 의식해서 이승만의 남한정부에 대해 더욱더 미국식의 민주적 제도와 운용을 강조하지 않을 수 없게 되고, 이승만정부도 이러한 미국의 요구에 부응하였다. 이렇게 미국에 의해 주어진 민주주의적 절차에 따라 시행된 1948년 제헌의회의 의석분포는 무소속이 다수를 차지한 가운데 한민당이 무소속의 지지자를 합쳐 80명으로 다수이고 이승만의 대한독립촉성국민회는 67석이었다. 1945년 이후 좌파와 중간파의 도전에 직면하여 수세적일 수밖에 없었던 한민당은 남한 단독정부에 대한 국민적 정당성이 취약한 상황에서 처음에는 이승만의 대중적 명망에 기대게 된다. 그러나 1948년 제헌의회선거 이후에는 국회에서 주도권을 장악하고 있는 한민당과 국회에서 선출되지만 독자적인 내각구성권을 보유하고 있는 이승만 대통령이 정부구조를 둘러싸고 격돌하게 되었다. 1952년 부산정치파동은 바로 이와 같이 국회에서 주도권을 장악하고 있는 민국당(한민당 후신)에 대해 행정부를 장악하고 있는 이승만에게 한판 승리를 가져다준 정치변동의 단초였다. 이는 부산정치파동 이전에는 이승만이 민주적 제도에 대한 미국의 강조와 영향력으로부터 자유로울 수 없었지만 동시에 민국당의 견제로 인해 그만큼 일정한 정도로의 정치적 균형과 민주성을 보여주었다는 것을 뜻하기도 한다.

박정희의 5·16과 10월유신

1961년 5·16

1960년 민족·민주·민생을 목표로 삼은 4·19가 13개월만인 1961년 5·16 군부쿠데타로 좌절된 것은 그야말로 1960년대 한국사회의 저발전을 그대로 반영한 것이었다. 4·19의 변혁지향은 당시 제로섬 게임의 냉전구도가 압도하고 있었던 동아시아의 대치 상황을 고려할 때 경제·안보 모두에서 저발전과 대미종속 상태에 놓여있었던 한국사회에게는 그 역량을 넘어서는 것이었는지도 모른다. 4·19는 이승만정부의 반민주성을 문제삼아 이승만을 퇴출시키는 민주화운동으로서는 성공을 거두었다. 그러나 한국사회의 비자주성과 불평등에 대한 문제제기이자 국가구조와 계급관계 및 대외관계에서 미래지향적 혁신을 이끌어내는 변혁지향의 실천에서는 역부족이었다.

　한국사회의 역량 부족은 민주당 정부의 한계로 나타났다. 4·19 이후 등장한 장면정부가 경제제일주의를 국정의 최대목표로 설정하면서 그 전략적 수단에 있어서는 미국과 일본으로부터의 원조와 차관에 의존한 것이었다. 여전히 대미의존관계를 지속시키는 데 초점을 맞추고 있었을 뿐, 경제적 대외관계의 다변화와 지평의 확대로 나아가지는 못했다. 1960년의 시점에서 공산권과의 화해를 앞장서서 추진하지는 못한다고 하더라도 제3세계 비동맹권과의 교류협력 관계를 증진시켜나가려는 시도조차 없었다. 대북정책에 있어서도 친미·반공·반북적 입장에서 벗어나지 못했다. <민족자주통일중앙협의회>라든가 <민족통일전국학생연맹>과 같은 제도권 바깥에 있는 진보적 정치세력들의 민족자주화 요구와는 거리가 먼 이른바 '선건설 후통일'의 폐쇄적 자기중심으로 일관했다.

　장면정부가 이렇게 4·19를 통해 표출된 민족·민주·민생적 차원의 대중적 열기나 기대에 부응하지 못하면서 약체정부로 남게 된 데에는 몇 가지 이유가 있다.

　첫째, 지주·자본가의 이해를 반영하는 민주당의 계급적 성격상 장면정부는 처음부터 일반 민중의 이해관계를 수용하기가 어려웠다. 그 결과 장면정부는 4·19로 분출된 <전국노동조합협의회>라든가 <민족통일전국학생연맹>, <2·8한미경

제협정반대공동투쟁위원회> 등 민중적 정치세력과 대치하는 입장을 취하게 되는데, 이로 인해 장면정부의 지도력에 대한 일반 국민들의 신뢰는 저하될 수밖에 없었다.

둘째, 1960년 7·29선거에서 민주당이 민의원 224석 중 2/3를 넘는 199석을 차지하는 압승을 한 것이 오히려 당의 단합을 깨고 안일에 빠지게 하였다. 의미 있는 야당의 부재는 권력배분을 둘러싸고 민주당 내에서 신·구파의 분열을 불러오게 됨에 따라 신파인 장면정부는 안정된 원내의석을 보유하지 못해 지도력의 불안정을 면치 못하게 되었다.[5]

셋째, 장면정부는 민생경제의 회복을 추진하기 위해 요구되는 재원조달과 관련하여 미국의 조건부 원조를 수용하는 과정에서 현실적으로 미국의 내정간섭과 임의적 원조중단 조항을 담은 '한미경제협정'을 체결할 수밖에 없었다. 그러나 장면정부는 한미경제협정을 둘러싼 일반 국민들의 자존심을 어떤 형태로든 적절히 무마시키고 설득시키는 데 실패함으로써 4·19의 변혁지향의 하나인 민족자주화 운동으로부터 강력한 반발과 도전을 받게 되었다.

넷째, 장면정부에 대한 민주당 내 구파의 견제와 제도권 바깥의 진보적 정치세력들의 저항 그리고 장면정부의 정치적 불안정에 대한 미국의 우려가 중첩되는 가운데 장면정부는 군비감축을 둘러싸고 군부와도 갈등을 빚게 된다. 사실 한국전쟁을 거치면서 60만 대군으로 비대해진 과잉군대의 문제는 4·19의 민주변혁 연장선상에서 충분히 예견될 수 있는 정치적 과제였다. 그러나 경제적 부담을 줄이기 위해서 제시된 10만 감군을 둘러싸고 장면정부에 대한 군부의 이해관계가 대치를 이루는 가운데 군부 내 소장파의 군대정화 요구를 둘러싸고 장면정부의 동조와 이 보다는 군대 내의 하극상 문제에 더 많은 관심을 보이는 미국의 우려 간에 견해 차이가 노정되면서 장면정부의 취약성이 곳곳에서 드러나게 된다.

의회 내 지지기반이 취약한 장면정부는 이렇게 다양한 차원의 알력과 갈등 그리고 이해관계의 대립이 교차하는 유동적 상황을 적절히 조정하지 못하였다. 다양한 쟁점들이 대화와 협상을 통해 조정·해결될 가능성이 거의 없어 보이는 1960년의 정치적 쟁점화 시기에서 나온 하나의 대안이 수호자주의의 논리에 입각한 군부의 정치개입이었다. 1960년대 제3세계식 해결 방법으로서 친미·반공의 전제 하에 움직이는 한도 내에서 군부의 일도양단식 정리가 기획·선택·묵인되기에 이르는데, 이것이 1961년 5·16 쿠데타이다.

1961년 박정희가 주도한 5·16은 군부쿠데타의 전형이었다. 이는 이조 500년의 문민통치라는 한국정치의 전통에 종지부를 찍은 사건이었다. 고려시대의 무신난 이후 한국정치사에 있어 군부가 물리력을 동원해 권력을 장악한 사례가 없었다는 점에서 5·16은 한국정치의 전통과는 어울리지 않는 일탈이었다. 유교적 문민정치의 전통으로부터의 정치적 일탈이라는 군부 스스로의 인식과 가능하면 자유민주주의적 정치를 기대하고 원하는 일반 국민들의 압력 그리고 미국 케네디행정부가

5·16 쿠데타의 인정과 함께 조속한 민정이양을 요구하는 데 부응하기 위해서 쿠데타 주역들은 5·16 이후 즉각적으로 문민통치로 돌아갈 것을 약속했다. 결국 2년여의 준비기간을 거쳐 1963년 선거에서 민정당의 윤보선을 누르고 쿠데타의 주역인 동시에 농촌을 상징하는 공화당의 박정희가 대통령으로 당선됨으로써 5·16 이후의 초기에는 이승만-장면정부와는 구별되는 새로운 집단이 제도권 정치를 장악하여나갔다.

1961년 5·16 군사쿠데타가 가능했던 토양은 20세기 전반기를 통해 팽배하였던 군사지배의 논리와 문화에서도 찾을 수 있다. 36년에 걸친 일본 군국주의의 지배와 1945~1948년에 걸친 미군정의 지배로 인해 조선조의 문민통치 전통이 깨어지고 약육강식의 군사논리가 위력을 발휘할 수 있었다. 그러나 더욱 중요한 것은 1960년대 제3세계 국가들에서 나타나는 정치적 유행에서 그 배경을 찾을 수 있다. 제2차세계대전 이후 민주화의 물결을 통해서 외부로부터 주어진 저발전 신생독립 국가의 민주주의가 통합적이고 생산적인 정치·경제적 산출을 가져오는 데 실패하게 된다. 이에 따라 전 세계적으로 반공·친미 형태의 근대화를 목표로 삼는 군부 주도의 권위주의화 물결이 한국에도 불어닥치는 데서 5·16이 가능했다.

한국의 군대는 한국전쟁을 거치면서 10만에서 60만으로 규모가 확대되었고 미국의 군사원조와 훈련·지도를 통해 질적으로도 근대화된 집단으로 성장하여 나감에 따라 군 장교의 지위는 사회적 신분상승의 역할을 하고 있었다. 그러나 군 내부의 파벌과 부패로 인해 일부 유능하지만 소외된 군 지도자들이 사회·경제적 혼란을 바라보면서 국가구원에의 소명의식을 갖게 되는 것은 일면 자연스러운 것이기도 했다. 이에 따라 직접적으로는 군부 내 파벌주의와 군 고위 장교들의 부패에 대해 불만을 표출하는 과정에서 한국사회가 당면한 문제들을 한꺼번에 해결하려는 움직임이 암묵리에 추진되어 나가게 된다. 물론 이러한 일부 소장파 장교들의 암묵적 움직임은 미·소 냉전의 국제정세 속에서 반공·친미이기만 하면 권위주의를 용인한 미국의 세계전략으로부터도 도움을 받았다.

이에 덧붙여 5·16 쿠데타가 국민들의 방관 내지는 암묵적인 기대 속에서 상대적으로 손쉽게 권력을 장악해나갈 수 있었던 것은 다음과 같은 세 가지 요인에 힘입은 바가 컸다.

첫째, 한국전쟁의 기억과 이승만정부의 반공노선으로 인해 남한 국민들 사이에는 반공·반북의 이데올로기적 우경화가 강하게 자리 잡고 있었다. 반공을 국시로 삼는다는 쿠데타의 기치는 미국정부뿐만 아니라 국민들에게도 보다 용이하게 수용될 수 있었다.

둘째, 한국전쟁 이후 1950년대 내내 여전히 북한보다 상대적으로 열악한 경제·안보적 상황이 개선되지 않는 데 대한 일반 국민들의 불만과 의구심이 4·19를 촉발시킨 하나의 원동력이었다. 4·19 이후에도 상황이 개선될 조짐을 보이지 않는 데 대한 국민들의 불만이 기대상승의 혁명적 상황으로 연결되었다. 이에 따라 보다 강력하게 대북 안보와 경제성장을 추진해나갈 수 있는 철혈정치가의 도래가 필요악인 것으로 수용될 수 있었다.

셋째, 경제·사회적 안정과 업적 수행의 단기적인 효율성 제고를 위해서는 질서를 강제할 수 있는 강력한 구심체가 유용하고 정당할 수도 있다는 전통적 유교문화의 가부장적 이해가 정치문화의 하나로 자리 잡고 있었다.

5·16은 군부 출신의 정치인이 권력 상부를 독점하는 군부통치의 시대를 열었다.[6] 우선 5·16 쿠데타 세력의 권력이동은 초기에는 반혁명사건과 정군운동을 통해 장도영, 송요찬, 김동하 등 군부의 다른 파벌을 제거하고 나온 박정희-김종필 계열의 쿠데타 실세의 권력 장악으로 나타났다. 그러나 점차 후기로 갈수록 정치권력은 뛰어난 정치적 수완과 권력의지를 갖춘 박정희 개인에게 집중되었다. 5·16 쿠데타 세력은 막강한 물리력에 기초하여 중앙정보부 창설과 민주공화당 창당, 언론출판에 대한 대대적인 강제정리, 정치활동정화법을 통한 기성정치인의 정치활동 제한, 그리고 4대의혹사건과 화폐개혁을 통한 정치자금 확보 등을 통해 정치권력의 독과점화를 추진해나갔다. 동시에 그들은 부정축재자 처벌, 깡패소탕 등의 사회정화, 농촌고리채 탕감, 사치외제품 소각 등을 통해 국민적 지지확보에도 만전을 기했다.

또한 1950~1960년대 미국과의 후원-수혜관계를 통해서 생존을 유지해나가고 있는 저발전 사회라는 한국적 현실에서 군부가 쿠데타와 권력 강화를 추진해나가는 데는 세 가지의 이데올로기적 정당화에 힘입은 바가 컸다. 첫째는 군부의 안보기능에 초점을 맞춘 안보·반북 이데올로기로서, 이는 직접적으로는 한국전쟁의 폐해를 경험한 한국 국민들에게는 선택의 여지가 없는 것이기도 했다. 둘째는 자본주의적 경제건설과 근대화를 중시하는 성장·근대화 이데올로기이다. 이는 사무엘 헌팅톤(Samuel Huntington) 등 미국의 근대화론 정치학자들에 의해 지지되었다. 셋째는 미국을 비롯한 자유 우방과의 유대강화를 강조하는 친미·반공 이데올로기로서, 이 역시 부분적으로는 한국전쟁에서 보여준 미국의 구원자적 역할을 바라보면서 많은 한국 국민들이 공감하는 바였다.

5·16 이후 1960년대에 한정해보면 박정희정부는 70년대 유신체제와 비교할 때 제한적인 형태의 정치적 다원주의의 틀 속에서 유지되어 나갔다. 계엄령과 위수령이 반복되는 가운데서도 1963년과 1967년 그리고 1971년 세 번에 걸쳐 대통령 직선제를 허용했고 국정감사 등 국회의 기능을 인정하였으며 언론의 자유를 보장해주었다. 강력한 정부로서의 박정희정부에 대한 오늘날의 이미지와는 달리 1960년대 박정희정부는 국민적 지지 면에서는 상당한 굴곡을 보여주었다. 1960년대 초기에는 4·19의 민주화 열기로 인해 5·16의 불법적 권력찬탈에 대한 반발도 만만치 않았다. 1963년 박정희는 야당분열과 압도적인 정치자금의 우위에서 선거를 치렀음에도 불구하고 민정당의 윤보선 후보에 대해 15만 6,028표라는 간발의 차이로 당선될 정도로 5·16 쿠데타에 대한 국민들의 지지는 취

약했다.

5·16의 원죄적 불법성으로 인해 박정희정부는 정치적 반대와 이의제기에 대해서는 강권정치로 맞섰다. 군부의 물리력을 최후 기반으로 삼으면서 중앙정보부와 경찰을 통한 정보사찰과 납치고문, 노동통제, 학원사찰 등 공포정치가 자행되었다. 정권의 정당화를 민주적 절차에 기대기가 어려운 현실에서 박정희정부는 안보와 성장이라는 기능적 효용성을 강조하였다. 대표적으로 한일회담을 둘러싼 국민들의 대대적인 반대 열기와 대일 청구권의 활용에 대한 비판적 여론에도 불구하고 박정희정부는 경제성장을 토대로 한 강력한 동원체제를 수립해나갔다. 일부 부정선거에 편승하기도 하면서 동시에 현직 대통령의 이점을 적극 활용함으로써 박정희는 1967년 대통령선거에서는 51.4%의 압승을 거둔다. 선거승리를 통해 박정희의 민주공화당 정부는 안보-성장-반공-친미의 정치 틀을 통해 대내·외에 절차적 정당성을 확인시켰다. 또한 1967년의 대통령과 국회의원선거 모두에서 압도적 승리를 거둠으로써 한·미·일 동북아 지역안보체제와 자본주의 세계체제에의 편입을 통해 안보질서의 유지와 고도 경제성장을 지속시켜나가는 한 박정희정부의 집권 연장도 가능하다는 자신감을 심어주었다.

박정희정부는 냉전체제 아래 미국의 대소방어기지 역할을 담당하면서 진보적인 정치운동이나 계급운동의 가능성을 봉쇄해나간다는 기본적 틀에 있어서는 이승만정부의 친미·반공적 지배 권력의 계승자였다. 그러나 박정희정부는 종속적 자본주의의 발전을 위한 조건과 전략에 있어서는 이승만정부의 수입대체 원조경제와는 다른 차관경제의 틀 속에서 경제성장을 추진해나가야 했다. 기생적이고 대외의존적인 이승만정부의 원조경제와는 달리 박정희정부의 차관경제는 대대적인 재정투융자(財政投融資)에 따른 빚을 갚기 위해서 섬유·봉제·신발 등 경공업 중심의 수출에 박차를 가하지 않을 수 없었다.

자립적민족경제의 수립과 대북한 경제우위 확보를 목표로 삼은 박정희정부의 차관경제는 군과 경찰을 동원하여 저임금의 장시간 노동체제를 강제로 밀어붙임으로써 원시적 자본축적을 도모하게 된다. 박정희정부는 한편으로는 한일국교정상화를 통한 무상 3억 달러, 공공차관 2억 달러, 상업차관 3억 달러와 다른 한편으로는 베트남전 참전 보상으로 1억 5천만 달러의 차관과 베트남전 특수의 활용 등을 통해 1960년대에 연평균 10%를 넘는 경제성장을 유지해나갔다.

1960년대 제3세계 군부통치의 대표적 명분이었던 이른바 안보와 경제성장이라는 두 마리의 토끼를 잡는 데 성공을 거둔 만큼 박정희의 자신감과 권력의지는 더욱 커지게 되었다. 때마침 1970년대 초 남북한 및 동북아 정세의 불안정을 활용하는 책략과 결부되면서 결국 1960년대의 제한적인 다원주의 정치 틀을 종식시키고 1972년을 전후하여 점차 박정희의 개인권력화한 절대주의로 이행하게 된다. 그것이 이른바 10월유신이다.

여기서 박정희 사후 20여 년이 지난 2002~2003년의 각종 여론조사에서 박정희와 그 후광을 받는 박근혜까지 상당한 인기를 얻고 있는 이유를 비판적으로 검토해 보면 다음과 같다. 첫째, 박정희가 피살된 이후 20여 년이 지나는 동안 박정희의 집권 동안에 숱하게 저질러졌던 인권탄압이라든가 불법전횡 등의 문제점들이 많이 희석되었다. 둘째, 박정희 이후의 전두환-노태우-김영삼-김대중 대통령 모두 정도의 차이는 있지만 부정부패로부터 자유롭지 못한 경력을 가지고 있다. 이에 반해 박정희는 자신이 부정부패 문제로 인해 정치·사법적으로 치명적인 훼손에 처하기 전에 피살됨으로써 그 행적이 상대적으로 신비화되어 있다. 셋째, 1980년대 박정희를 이은 전두환-노태우정부가 박정희의 정치·경제적 모델을 사실상 그대로 승계하였다. 그 결과 유신체제는 붕괴되었지만 그 반공이념의 정치기조와 국가주도의 정책운용 방식은 그대로 유지되었다. 그래서 박정희에 대한 비판적 내지는 부정적 평가가 그만큼 소홀해지고 오히려 정치현실에서는 전두환-노태우-김종필을 통해 박정희의 유산 승계가 지속되었다. 넷째, 아마도 가장 중요한 이유가 아닌가 싶은 것으로서 반공-안보-친미 등의 이데올로기가 도전을 받고 있는 오늘날에도 성장이데올로기만은 여전히 유효하게 작용하고 있다. 이에 따라 비용-편익의 관점에서 박정희의 집권 18년의 기간 동안 안보의 기틀을 마련하고 비약적인 경제성장을 도모해나간 성과에 대해서는 국민들이 높은 점수를 주고 있다.

5·16은 박정희 등 변방의 농촌 출신 군인들이 정치권력의 중추를 맡아 종속적 자본주의의 발전을 적극 추진해나감으로써 한국 현대사의 중요한 전환점으로 작용했다. 그러나 이들 농촌 출신의 군인들은 군사주의적 국가관과 엘리트주의적 선민-소명의식 그리고 어떤 희생을 치르더라도 권력을 유지해나가려는 강력한 권력의지로부터 벗어나지 못함으로써 초기 애국애족의 개혁적 열정과는 점점 거리가 멀어져갔다. 박정희정부 역시 이승만정부처럼 국민에 대한 군림, 양분론적 자기정당화에 대한 집착 그리고 이기고 지느냐의 제로섬적인 군사논리의 틀에서 정치권력을 사유화해나갔다. 정치권력의 사유화를 위해 공포정치에 기반하는 한 박정희정부는 점점 더 중도에서 하차하기가 어렵게 되는데, 그것은 1979년 10월 궁정동에서 총소리가 나서야 비로소 막을 내릴 수 있었다.

1972년 10월유신

1960년대 박정희정부는 정치와 경제 모두에서 괄목할 만한 성과를 보였다. 정치적으로는 1963년과 1967년 그리고 1971년 세 차례에 걸쳐 선거 승리를 통해 절차적 정당성을 확보하였다. 경제적으로도 경제기획원 등 국가관료 기구의 주도 하에 국가발전계획을 세우고 이에 저항하는 요소들에 대해서는 강력한 통제를 구사하면서 한·미·일 3각의 비대칭적 정치경제 협력 틀을 통해 일관되게 수출주도형 산업화를 추진했다. 1962~1971년 동안 연평균 9%의 경제성장을 달성함으로써 박정희정부는 업적에 의한 정당성을 확보할 수 있었고 1969년에는 3선개헌을 성사시키는 등 정치적 책략을 통해 상대적으로 안정된 정치질서를 구축하게 된다.

그러나 1970년대에 이르면서 박정희정부는 1960년대의 성과와는 별개로 크게 세 가지 측면에서 도전과 위기에 직면하게 된다. 다음에서 보듯이 국제정세-시민사회-국내정치 등으로부터 제기되는 도전과 위기 상황에서 1970년대 초 박정희정부는 박정희의 권력의지를 실현해나갈 모종의 정변을 추진하게 된다. 1972년 10월유신은 이러한 대내·외의 도전을 봉쇄하고 박정희의 영구집권을 도모한 위로부터의 쿠데타적 책략이었다.

첫째, 국제정치적으로는 1971년 베트남전 종결을 위한 닉슨독트린의 발표와 함께 미·중 화해의 동북아 국제정세의 변화가 가시화되었다. 이는 반공·안보 이데올로기와 제한적 다원주의를 결합시켜 정권을 유지해왔던 박정희정부에게 보다 강력한 동원체제를 통해 국제정세의 변화에 대처하도록 새로운 정치적 대응 틀을 요청하였다.

둘째, 해방 이후 20여 년이 지나면서 국민들의 의식과 삶의 방식에서 많은 변화가 이루어졌다. 대중교육의 지속적인 확대 실시로 1970년대 일반 국민들 사이에는 자유민주주의적 법치의 가치가 보편화되고 있었다. 또한 1960년대 산업화의 산물로서 노동자와 중간층이 성장하고 박정희의 장기집권을 반대하는 자유민주주의적 성향의 사회세력이 비약적으로 성장했다.

셋째, 1971년 대통령선거에서 김대중 후보의 강력한 도전을 가까스로 누르면서 박정희의 3선은 확보되었다. 그러나 국회의원선거에서는 야당인 신민당이 기존의 44석을 두 배 이상 상회하는 89석을 확보함으로써 박정희 이후 정치질서의 불확실성 내지는 차기 선거에서의 정권교체 가능성 등 권력승계 위기가 태동하였다.

1970년대 초에 유신정부가 등장하게 된 경제적 설명은 자본주의의 위기 돌파에 초점을 맞추고 있다. 1960년대 한국 자본주의의 발전이 위기에 처하게 되자 이에 대한 대응책의 하나로서 노동통제의 필요성이 제기되면서 정치적 기제로서 유신체제가 선택되었다는 것이다. 1960년대 차관경제의 경공업 수출성장 전략은 특혜융자를 둘러싼 자본낭비와 중복·과잉투자로 인해 일부 기업들은 금융비용 증대로 인한 원리금 상환 압박을 받게 되는데, 1969년 차관업체 83개를 포함 총 45%가 부실기업인 것으로 발표될 정도로 위기였다. 누적된 외채와 만성화된 인플레이션으로 인해 경제성장률은 1969년 13.8%에서 1970년 7.6%, 1971년 9.4%, 1972년 5.8%로 10% 이하로 떨어지게 되자, 박정희정부의 자랑거리이자 지지기반인 고도성장 이데올로기는 심각한 타격을 입게 된다. 또한 1960년대 차관경제의 경공업 산업화를 거치면서 1960년 11.8%였던 노동자계급이 1970년에는 24.1%로 확대되자 이렇게 확대된 노동자들의 불만이 1970년 1,656건의 노동쟁의로 분출되기에 이른다. 대표적으로 1970년 평화시장 노동자 전태일의 분신자살에서 극적으로 표출될 정도로 1960년대 산업화 추진은 경제성장의 과실을 충분히 맛보지 못하는 노동의 상대적 좌절감 속에서 자유민주주의적 계급의식을 확대시키고 정권교체를 추동시킬 정도로 경제적 불만이 확대되고 있었다. 이러한 사회적 불만은 때마침 제1차 유가파동이 닥치자 경제적 위기감을 고조시키면서 기존의 경공업 중심의 산업화 방식에서 중화학 공업으로의 구조적 전환 내지는 심화를 전면에 부각시켰다. 노동자들의 상대적 박탈감 표출과 산업구조 재편에 대한 기업가들의 이의제기에 대응하여 박정희정부는 비상한 방식으로의 정치재편을 도모하게 되는데, 이것이 10월유신으로 나타난 것이다.

유신정부의 등장과 관련해서는 1970년대 초 동북아의 정세변화로 인한 안보위기에 대응하고 남북대화 및 통일을 추진해 나가기 위해서는 강력하고 효율적인 리더십이 필요하다는 유신정부의 정당화 설명이 제시되기도 했다. 한국전쟁 이후 남북한은 '선건설 후통일'에 매진함에 따라 일종의 '대치적 무시'라 부를 수 있는 상호관계의 단절로 나아갔다. 그러나 북반부 사회주의 건설과 정치적 통제를 보다 일찍 마무리한 북한은 1963년 2.1%, 1964년 7.5%에서 1967년에는 30%에 달할 정도로 군비지출을 확대하면서 '4대혁명 노선'을 적극 추진해 나갔다. 이에 따라 비무장지대에서의 충돌이 1965년 59건, 1966년 50건에서 1967년과 1968년에는 각각 566건과 629건으로 급증하였고, 특히 1968년에는 무장공비가 청와대 근처까지 침투하고 미국 정보함 푸에블로호가 납북되는가 하면 1969년에는 미정찰기 EC-121기가 북한군에 의해 격추되는 등 남북한 및 북미관계의 긴장이 고조되고 있었다. 이와 같은 한반도에서의 긴장 고조와는 반대로 1971년 미국은 아시아의 방위를 일차적으로 아시아인에게 맡긴다는 닉슨독트린을 발표하면서 주한미군 제7사단을 철수시키고 이어 1972년에는 중국을 방문하여 미·중화해의 시대를 열었다. 이와 같은 동북아의 정세 변화는 남북한으로 하여금 남북대화의 진전으로 나아가도록 압박했지만, 여전히 남북한 간 상호신뢰의 결여와 안보위기 고조는 대내적으로 더욱 강고한 권력집중과 동원체제를 요구하는 것으로 나타났다. 유신정부는 바로 이와 같은 박정희정부의 안보위기 의식과 결부되어 반공안보의 대응력을 갖추기 위해서는 대내적 동원체제가 필요하다는 판단 하에 위로부터 기획되고 강요된 정치적 재정비였다.

1972년 11월 계엄령 하에서 국민투표로 통과된 유신헌법은 대통령을 입법·행정·사법의 삼부 위에 군림하는 국가적 영도자로 규정하였다. 통일주체국민의회를 통해 사실상 박정희의 종신집권이 보장되고 또 대통령이 국회해산권과 국회의원 1/3 추천권, 판사임명권, 긴급조치권을 보유함으로써 실질적인 1인 독재체제가 수립되었다. 이러한 제도적 기반과 함께 박정희는 비공식적인 개인적 연결망과 중앙정보부, 보안사령부, 합참정보국, 수도경비사령부, 방첩대 등 정보기관을 통해 정치·군사적 도전자를 봉쇄·무력화시켰다. 그 과정에서 불법적인 체포와 납치, 고문, 정치적 재판은 다반사였다. 유신헌법에 대한 정치인·지식인·학생·종교지도자·노동운동지도자로부터의 반대를 억압하기 위해서 박정희 유신체제는 1974년 1월 긴급조치 1호로부터 1975년 5월 긴급조치 9호에 이르기까지 초법적 조치로 반정부운동을 탄압·봉쇄하였다.

유신 이후 박정희의 영구집권으로 인해 정치권력의 개인화는 더욱 심화되었다. 이를 뒷받침하기 위해서 시민사회에 대한 정치적 탄압의 강화와 함께 정치사회의 군사화-탈정치화 그리고 총력안보체제의 가속화가 진행되었다. 박정희 유신정부는 제3공화국의 군사정부적 특성에서 벗어나 점차 박정희 개인의 절대주의적 공포정치의 특성을 더 강하게 보였다. 특히 박정희의 후원 하에 효율성과 기술적 전문성을 강조하는 기술관료의 위상과 역할이 강조되었다. 유신정부를 정당화하기 위해서 안보논리가 전보다 더 전면에 등장하게 되었다. 그에 따라 유신정부는 안보와 경제성장이라는 두 마리 토끼를 다 잡기 위해서 일부 재벌기업들의 의구심에도 불구하고 국제적 분업체계에 부응하는 중화학공업화를 통해 기계·전자·철강·비철금속·석유화학·조선 등 특정업체에 대한 선택과 집중의 불균등 성장전략을 적극 추진해나가게 된다.

유신정부에 대해서는 인권탄압과 공포정치라는 부정적 평가가 압도적이지만, '100억불 수출, 1천불 소득'의 구호 아래 국가주도의 특혜적 수출지향 산업화를 적극 추진했다는 성과를 인정받기도 한다. 그러나 본질적으로 유신정부의 산업화란

위로부터의 주도·강제·특혜와 사회의 모든 부문에 걸친 동원 체제의 구축을 통해 단기적 효율성을 최대화한 총력동원체제의 성과였다. 유신정부는 외형적인 강고성과 단기적인 경제적 성과에도 불구하고 국내외의 도전으로부터 취약성을 면치 못하였는데, 특히 1977년 카터정부가 인권외교와 미·소 데탕트 그리고 그에 따른 주한미군철수를 거론하게 되면서 불가피하게 미국과 불편한 부조화의 관계에 처하게 되면서 대외적 위기상황에 몰리게 된다. 대내적으로도 1973~1974년 김대중 납치사건과 조선·동아일보 등 언론탄압, 민청학련사건 등을 거치면서 유신정부의 인권탄압-공포정치와 용공조작정치에 대한 염증과 자유민주주의적 반발이 확대되어 나갔다. 유신체제에 대한 대내외적 저항이 대두하는 상황에서 치러진 1978년 제10대 국회의원선거에서는 야당인 신민당이 32.8%로 집권 공화당의 31.7%보다 더 많은 득표를 함으로써 유신체제에 대한 국민들의 반발이 얼마나 큰 것인가를 확인시켜주었다. 선거를 통해서 나타난 국민들의 반정부 의식에 기반하여 그 이후의 반독재투쟁은 1979년 부마항쟁에 이르기까지 의회에서는 물론이고 대학, 언론, 종교, 노동 현장 등 장외에서도 치열하게 전개되었다. 결국 1979년 10월 부마항쟁의 와중에 박정희에 대한 충성 경쟁으로 암투를 벌이던 중앙정보부와 대통령경호실 간의 빗나간 알력이 맞부딪치게 되는데, 결국 중도 하차가 불가능할 정도로 굳어버린 박정희 유신정부는 내부의 알력에 의해 일거에 산화되고 만다.

전두환의 12·12와 5·17

5·16이라든가 다른 제3세계의 쿠데타와 비교할 때 전두환의 신군부세력은 2단계의 정변을 거쳤다. 1979년 10월 26일 박정희의 피살 이후 민주주의에 대한 국민들의 광범위한 기대를 무너뜨리고 1981년 3월 <통일주체국민회의>에 의해서 전두환이 12대 대통령으로 취임하기까지의 사이에 일어났던 1979년 12·12 하극상과 1980년 5·17 비상계엄령 전국 확대 실시가 그것이다. 전두환이 집권하기까지 두 단계를 거친 이유는 신군부의 등장을 가져온 결정적 계기가 박정희의 갑작스런 피살에 있는 만큼이나 신군부세력의 권력 장악을 위해서는 시간이 필요했기 때문이었다. 12·12 하극상이 일차적으로는 박정희 피살에 연루되어 있는 군 내부의 관련자를 체포·조사한다는 명분 하에 움직였기에 그 이상의 정변을 꾀해나갈 정치적 명분이 부족했다. 그래서 <하나회>를 중심으로 한 신군부의 결속과 제도로서의 군부에 대한 통제권을 장악한 다음에 비로소 정부로서의 군부의 직접적인 정치개입을 정당화하기 위해서 1980년 서울의 봄을 전후한 시기의 위기 조작과 그 절정으로서의 5·18 광주학살이 전개된 것이었다.

박정희가 피살된 이후 '박정희 없는 유신체제'를 연장해가기 위해서는 우선적으로는 과도기적으로 출범한 최규하 정부의 안정과 외형적 중립을 도모함으로써 야당정치인들과 국민들의 불신·의혹을 씻어내는 것이 요구되었다. 동시에 신군부에게 있어 군부권위주의의 재강화를 위해 더욱 중요하게 요구되는 것은 군부의 물리력을 독점하여 이를 권력 획득·유지를 위한 최종 담보로 활용하는 것이었다. 1979년의 12·12 사건이란 이러한 전략적 고려 속에서 박정희 피살사건을 수사한다는 것을 빌미로 전두환 소장이 주축이 되고 <하나회>와 <보안사> 요원들이 합세하여 군의 통수권자인 최규하 당시 대통령의 사전허가 없이 전후방의 부대를 불법으로 동원하여 그들의 직속상관인 육군참모총장 겸 계엄사령관인 정승화 대장을 납치 구금함으로써 야기된 하극상 성격의 쿠데타였다. 여기서 하극상 쿠데타란 권력 중심에 자리 잡고 있었으나 향후 정치적 진출이 불투명한 기성의 군장성과 박정희에 의해서 육성된 신진 군장성 간의 갈등이 박정희의 피살로 인해 전면에 표출되어 종내에는 전두환 등 신군부 세력이 승리를 거두는 것으로 막을 내렸던 군부 내 군권 찬탈을 지칭한다.

1979년 말 당시 유신 과거를 청산하고 문민정부를 세워야할 것으로 소망되는 강력한 국민적 압력과 미국의 초기 기대에도 불구하고 전두환 중심의 신군부가 이러한 소망과 기대에 찬물을 끼얹는 격인 12·12 하극상을 통해 군부권력을 독점해나갈 수 있었던 데에는 다음과 같은 요인이 결정적으로 작용했다. 신군부세력은 군부 전체로부터 지지를 받고 있었던 것은 아니었지만 <하나회>라는 군부 내 사조직을 통해 일부 군부 실력자들의 조직화된 단합을 이끌어내고 이를 통해 보다 조직적인 군 동원을 이루어낼 수 있었다. 또한 쿠데타를 조직한 신군부 세력들은 군 동원에 따른 불상사를 감당하려는 확고한 결의를 갖고서 기꺼이 전투에 임하여 죽을 각오를 하고 있었다. 이에 반해 미국은 물론이고 12·12 하극상을 반대하는 국내의 어떤 세력들도 이들 신군부 세력들과 사생결단을 할 때 따르는 위험부담과 예상외의 사태전개를 감당할 각오가 되어 있지 않았다. 12·12 하극상의 성공은 합동수사본부장을 맡게 된 전두환 등 신군부가 박정희 피살사건을 수사하는 과정에서 나름대로의 정당성을 갖고 이 사건에 관련되어 있다는 명목으로 군부 내 반대파를 제거하는 것이 가능했던 특수한 정치적 상황으로부터 힘입은 바가 컸다.

1979년 12·12에 이어 1980년 5·17 비상계엄 전국 확대실시를 통해 일종의 집정관체제로서 등장한 전두환 정권은 박정희의 갑작스런 피살로 인해 주어진 권력 장악의 기회를 포착하여 이를 실현하는 데 성공을 거두었다. 1980년의 시점에서 볼 때 군사정권이 들어서기가 어려울 만큼 정치적으로 성숙되어 있는 한국에서 유신체제의 붕괴가 민주정권의 등장으로 이어지지 못하고 군부권위주의의 재강화로 귀결되어 나간 데에는 여러 가지 국내외의 정치·경제적 요인들이 함께 작용했다. 여기서 1987년에는 민주주의 이행이 성공을 거두는 데 반해 불과 7년 전인 1980년에는 민주화가 좌절을 면치 못하게 된 점에 주목하면서 비교론적으로 요인을 규명해 보면 다음과 같다.

첫째, 남북한 대결과 동북아시아의 냉전구도가 상시적인 안보위협으로 작용하고 있는 1980년의 상황에서는 여전히 반공이데올로기가 유효하게 작용하고 있었다. 그래서 신군부의 물리력을 기반으로 한 총력안보체제의 자기 지속이 상대적으로 용이했다. 이에 반해 1987년의 민주주의 이행에서는 구소련의 고르바초프에 의한 페레스트로이카를 통해 사실상 세계 공산주의의 실패가 자명했기 때문에 그만큼 공산주의로부터의 위협이라는 안보상의 위기의식이 힘을 발휘하지 못했다.

둘째, 1980년에는 박정희의 피살이라는 정치적 불안에 마이너스 성장이라는 경제위기까지 겹치면서 자본주의체제의 위기로까지 비화되어 나가지 않을 것인가 하는 우려가 팽배해 있었다. 그래서 많은 국민들은 박정희식 군부통치를 거부하면서도 동시에 정치·경제적 불안정이 조기에 해소되기를 바라는 이른바 '안정속의 변화'라는 보수적인 입장을 취함으로써 신군부의 정치적 안정화 논리를 펀들어 주었다. 이에 반해 1987년의 한국은 전두환정부 치하에서 저유가 등 3저호황을 거치면서 국제수지 흑자까지 낼 정도로 지속적인 경제성장의 자신감과 자유민주주의의 우월성을 피부로 절감하고 있었다. 그래서 국민들은 고도성장을 가져온 경제적 자유경쟁 논리에 걸맞게 개발독재 방식의 정치에서 벗어나 정치적 자유경쟁과 민주화를 통해 한국이 명실상부하게 선진국 대열로 한 발짝 더 나아가기를 바라고 있었다.

셋째, 1979~1980년의 안개정국에서 한국의 민주주의와 관련하여 미국의 대한정책은 민주정부의 창출보다는 친미정부의 옹호에 있었다. 1980년 레이건행정부의 등장과 함께 공식화된 미국의 신냉전 전략은 한국정부가 반공·친미인 한 그것을 용인한다는 입장을 취함에 따라 전두환정부의 등장에 일조하였다. 이에 반해 1987년에 이르면 미국은 고르바초프의 신사고와 탈냉전 추세에 발맞춰 동아시아 정책에 있어서도 기존의 반공제일 노선보다는 권위주의적 정부를 친미적 민주정부로 개량화해나가는 민주화 정책이 미국의 장·단기적 국익에 더 유용할 것으로 입장을 바꾸어가고 있었다.

넷째, 1980년의 안개정국 상황에서 여전히 국가의 노동통제와 기존의 친자본적 경제정책의 유지를 바라는 독점자본의 이해관계는 제도로서 군부의 이익을 확보해나가려는 군부권위주의와의 제휴를 선호하고 있었다. 이에 반해 1987년에 이르면 한국의 기업들은 여전히 권위주의적 노동통제를 요구하면서도 다른 한편으로는 전두환정부의 부패와 권위주의적 전횡으로부터 벗어나고자 하는 이중적인 태도를 취하게 된다. 이에 따라 박정희식 지배연합에 균열이 나타나게 된다.

박정희의 피살 이후 1980년의 안개정국 상황이 1987년의 제도화된 안정 국면과는 차이가 있다고 하더라도, 12·12의 하극상이 이미 저질러졌다면 그 이후 전개된 5·17 비상계엄 전국 확대실시는 불가피한 정치적 수순이기도 했다. 다시 말해서 5·17은 군부의 정치개입을 정당화할 수 있는 어떤 계기에 따른 것이라기보다는 신군부세력이 사느냐 죽느냐의 막다른 골목에서 직면한 선택의 여지없는 밀어붙이기라고 볼 것이다.

이처럼 12·12와 5·17이 별개의 것이 아니고 두 개의 단계가 하나의 연쇄 고리로 묶여 있는 불법적 쿠데타임을 스스로도 잘 알고 있는 전두환 등 신군부세력은 광주학살을 은폐하기 위해 그리고 부당한 권력쟁취에 대한 저항을 분쇄하기 위해서 국가의 탄압수준을 극도로 높일 수밖에 없는 자기부정에 빠지게 된다. 동시에 광주의 유혈사태 기억과 높은 수준의 탄압은 전두환정부의 부당성을 전면에 내걸면서 반정부운동의 광범한 확산과 함께 운동의 격렬성과 전투성을 극도로 고양시켜나가는 에스컬레이터 현상을 낳게 된다. 그리하여 전두환정부의 원초적 정당성 결여와 광주학살의 피의 대가는 그 이후 전두환정부가 퇴진할 때까지 한국의 정치과정과 민주화운동에 있어 거의 절대적 변수로 작용하기에 이른다.

민주화운동 : 부마항쟁, 광주항쟁, 6월항쟁

1979년 부마항쟁

1972년 10월유신 이후 한국의 민주주의는 대통령 직선제가 부인됨으로써 최소한의 절차조차 사라지게 되었다. 다만 박정희의 종신대통령제가 사실상 확립된 가운데서도 야당과 국회의원선거는 허용되었다. 그 결과 70년대 내내 제도권정치에서는 여야 간에 그리고 체제 수준에서는 유신정부와 야당-재야 연합 사이에 독재-민주의 대결 축이 형성될 수 있었다. 1960년대의 경공업에서 1970년대 중화학공업으로의 전환이 순조롭게 진행되고 안정 속의 고성장이 이루어지면서, 일면 자본주의적 산업화를 지속적으로 추진해나가기 위해서는 관료적 권위주의 형태로서 유신체제가 필요하다는 정당화가 제시되기도 했다. 그러나 고성장을 뒷받침하는 저임금 노동통제는 외채의 급증과 무역수지 불균형 그리고 1979년 당시 18.3%에 달하는 급격한 소비자 물가상승과 겹치면서 유신체제의 경제적 정당화 논리에 대해서 아래로부터의 문제제기와 도전을 유발하였다.

1970년대를 지나면서 유신체제의 경제적 효율성마저 의문시되고 있는데도 정치사회에서 정당과 언론이 제 역할을 제대로 수행하지 못한다는 것은 곧 자연적이고 국면적인 불만도 직접 정치체제의 문제로 쟁점화 되어간다는 것을 뜻했다. 제도권 야당과 재야 및 학생들로부터의 도전을 봉쇄하려는 유신정부의 배제·통제·억압은 위기의 증폭과 폭력의 일상화를 가져올 뿐이었다. 이렇게 공포정치와 항시적인 위기조성으로 장기집권을 유지하는 박정희의 독선적 강권정치에 대해 국민들의 불만이 고조되던 1970년대 말은 카터 미행정부와 미국 언론의 비우호적 태도에다 박정희 이후의 권력승계 문제가 겹치면서 체제전환 가능성이 엿보이던 때이기도 했다. 1978년 미국을 비롯한 선진자본주의 국가들이 스태그플레이션에 접어든 데 이어 1979년 제2차 석유파동이 강타하자 세계자본주의는 전반적인 불황 속에 빠져들었다. 이에 따라 종속적 자본주의 발전을 추진해온 유신정부 역시 경제위기에 처하게 되고 더욱 체제정당화의 어려움을 겪게 된다. 경제적 어려움에 편승하여 1978년 10월 삼화상운 버스안내양 음독자살사건과 11

월 삼영정밀 노동자 자살사건에 이어 1979년 4~8월 신민당사 농성 강제해산 와중에서 1명이 사망한 YH사건을 거치면서 노동자 투쟁과 제도권 야당이 연계된 반독재민주화운동이 활발하게 태동·전개되었다. 유신체제에 대항하는 재야단체의 반독재민주화운동도 1978년 2월 '3·1민주선언' 발표, 7월 재야 12개 단체가 참가하여 <민주주의국민연합>을 결성하고 '민주국민선언' 발표, 10월 '78년 10월 17일 국민선언' 발표를 거치면서 1979년 3월에는 반독재민주화운동의 재야운동·종교운동·사회운동 간의 의미 있는 정치연합으로서 <민주주의와 민족통일을 위한 국민연합>을 결성하고 '민주구국선언'을 발표하기에 이른다.

이렇게 기층대중운동, 학생·재야운동, 기독교 등 사회운동, 제도권 야당을 총망라하는 반유신독재 민주연합이 결성되어 이에 대한 국민들의 지지가 상승하는 가운데 카터 미행정부의 인권외교에 조응하는 민주화 열기가 고조되던 시점에서 치러진 1978년 12월 국회의원선거는 뜻밖의 결과를 가져다주었다. 야당인 신민당이 여당인 공화당보다 1.1% 더 많은 득표를 함으로써 유신체제에 대한 국민들의 반발이 얼마나 큰 지를 명확하게 보여주었던 것이다. 야당의 득표 승리와 28.1%를 얻은 무소속의 약진 속에서 신민당은 반유신 민주화 노선으로 나아갈 수 있는 자신감과 대중적 열기를 확인하게 되었다. 이에 따라 1979년 9월에는 김영삼 총재의 정권타도 투쟁선언이 공식 발표된다. 그러나 이미 체제경직화로 인해 탈출구가 봉쇄되어 있는 유신체제의 생존은 체제의 정당성이나 효율성을 증대시키는 능력보다는 박정희에 대한 개인적 충성에 의존하게 된다. 박정희에 대한 충성을 놓고 경쟁을 벌이던 김재규 중앙정보부장과 차지철 대통령경호실장 간의 사사로운 권력투쟁과 반목은 부마항쟁 처리를 둘러싼 방법론상의 강·온 대립과 겹치면서 결국은 부마항쟁이 절정에 달하던 1979년 10월 26일 김재규에 의한 박정희 시해로 귀결되고 만다.

유신정부 내 집권세력들 간의 직접적인 갈등을 유발함으로써 결국 유신체제의 붕괴를 가져왔던 부마항쟁은 부산−마산 지역의 저임금 노동집약적 경공업이 제2차 석유파동으로 인해 경제적 타격을 받게 되면서 지역민들의 불만이 고조되고 있던 상황에서 이 지역의 대표적 야당정치인인 김영삼을 유신정부가 탄압·박해한 데에 따른 저항이었다. 1979년 5월 신민당 총재로 복귀한 김영삼이 박정희의 사임을 요구하면서 강경하게 대정부 투쟁을 펼쳐 나가자 유신정부는 이에 대응하여 김영삼의 총재직과 의원직을 박탈하였다. 그러자 이에 반발하는 부산−마산 시민들은 유신정부의 인권탄압과 철권정치에 반대하는 대대적인 가두시위를 벌이게 된다. 부산과 마산−창원에 각각 계엄령과 위수령을 발동할 정도로 대규모의 시위가 진행되던 와중에 예기치 못한 박정희의 피살 사건이 발생하였다. 이미 정당성과 효율성의 위기에 이어 후계자 승계위기를 동시에 맞고 있었던 70년대 말의 상황에서 유신체제의 핵심인 박정희의 부재는 그대로 유신체제의 종식으로 연결되었다.

1979년 부마항쟁의 여파 속에서 태동된 10월 26일 박정희 피살은 암살의도와 관계없이 유신체제의 종식과 함께 민주화의 가능성을 열었다. 그러나 박정희의 피살이 너무나 갑작스럽게 그리고 유신정부 내부의 권력다툼으로부터 주어짐으로 인해서 박정희의 사망에 이은 유신체제의 붕괴가 곧 민주정부의 수립으로 연결되지는 않았다. 박정희의 퇴진을 둘러싸고 복잡한 우여곡절이 진행되는 정치과정이 작동되지 않음으로써 그 이후의 사태도 탈정치적 방식으로 전개되어 나갔다. 암살이라는 돌발적 형식이 가져온 충격은 정치과정의 순조로운 진전을 제약하게 되는데, 특히 박정희의 피살이 발생한 타이밍은 집권세력과 반정부세력 모두에게 각기 다른 방향으로 영향을 미치게 된다.

　　우선 집권세력의 입장에서 보면 박정희의 암살은 그들이 가용한 모든 강권적 국가권력의 자원을 남김없이 동원한 이후이거나 아니면 더 이상 강권을 행사하기가 어려운 상황에서 마지막으로 체제전환을 고려하지 않으면 안 되는 그런 상황에서 발생한 것이 아니었다. 그래서 유신정부의 집권세력들로서는 새로운 질서로의 전환에 쉬이 자리를 내주기가 어려웠다. 이와 반대로 반정부 운동권의 입장에서 보면 박정희의 암살은 반정부 운동권이 그 지도력 하에 대중들을 충분히 동원하여 그들 자신의 주체적 운동을 통해 정권을 붕괴시킬 수 있기 이전에 발생한 것이었다. 그에 따라 박정희 사후에 반정부 운동권이 체제전환의 주도성을 확보하기는 그만큼 어렵게 되었다.

그 결과 박정희 피살 이후 기존의 권위주의적 질서를 지키려는 수호세력과 이를 민주주의로 전환시키려는 도전세력 간의 게임은 은밀하게 진행되었다. 박정희의 피살로 유신정부가 수명을 다한 것으로 간주한 민주화 세력이 상대적으로 방심하는 가운데 권위주의 신군부 세력은 쿠데타를 착착 준비·진행시키고 있었다. 이에 따라 양자 간의 권력투쟁은 결국 1980년 5월 광주학살이라는 비극을 거치면서 일단은 신군부의 승리로 귀결되고 만다.

1979년 부마항쟁과 10·26 박정희 피살 그리고 12·12 쿠데타에 이어 1980년 5월 광주학살로 치달아가던 격변의 길목에서 1980년 '서울의 봄'은 민주화의 가능성과 군부통치의 재수립 가능성이 교차하던, 그래서 상대적으로 유동적인 정치적 자유공간이 될 수 있었다. '안개정국'으로 지칭되던 1980년 봄은 공식적인 면에서는 백가쟁명(百家爭鳴)의 정치적 요구가 지배적이었지만 비공식적인 이면에서는 군부의 권력 강화가 암중에서 차근차근 진행되어 나가고 있었던 시기이기도 했다. 1980년 서울의 봄은 1945년 해방공간의 경우처럼 야당이나 사회운동단체의 주체적 힘에 의해서 쟁취한 것이 아니라 우발적인 박정희 피살로 인해 우회적으로 주어진 것이었다. 그렇기 때문에 12·12 쿠데타를 통해 권력을 장악한 신군부가 직접 정치 전면에 나서는 것을 막으려면 용의주도하고 결단력 있는 정치적 지도력과 민주화 세력들 간의 유기적인 협조·합심·시너지가 요청되었다. 그러나 1979년 부마항쟁으로부터 촉발되고 진전되어 나온 1980년 서울의 봄의 열기와 목표는 민주세력의 분열에 편승한 신군부의 사생결단으로 인해 제대로 꽃 피우지 못하고 1980년 광주의 비극을 뒤로 한 채 1987년으로 지연되고 만다.

12·12 쿠데타 이후에도 일정하게 서울의 봄이라는 정치적 개방공간이 주어질 수 있었던 것은 1970년대 내내 유신체제에 대한 야당과 학생, 종교단체의 공격과 반대 그리고 그러한 투쟁의 연장선상에서 1979년 10월 부마항쟁과 같은 대대적인 시민들의 항의가 있었기 때문이었다. 1970년대 반유신운동의 투쟁을 기반으로 하여 서울의 봄은 계엄령해제와 이원집정부제 정부개헌작업 중지 그리고 민주화 정치일정의 천명을 요구하는 야당과 학생, 민주화운동단체들에게 활발한 정치활동의 기회를 열어주었다. 유신통치의 강압에 시달리면서 더 이상 군부권위주의의 효율성에 수긍하지 않았던 1979~1980년의 한국 국민들에게 있어 민주주의는 1961년 박정희의 쿠데타가 일어났던 상황과는 달리 확고한 대안으로 자리 잡고 있었다. 그 만큼 서울의 봄의 열기는 탄탄한 토대 위에 놓여 있었다. 다만 사생결단의 권력의지를 가진 군부집단의 물리력 앞에서 단기적으로는 속수무책일 수밖에 없었다. 1980년 광주의 비극은 서울의 봄에서 표출되었던 민주화 소망과 기대를 한순간에 봉합할 수 있을 정도로 충격적이고 비인간적이었다. 그렇기 때문에 1980년 광주의 전율과 한은 그 이후 한국정치사에서 그 어느 때보다 강렬하고 치열하게 민주주의를 요구하는 열

기와 추동력을 불러일으키게 된다.

1980년 광주항쟁

1980년 비상계엄이 지속되는 가운데 서울의 봄이 유동적으로 흘러가던 4월 14일 전두환 합수부장은 중앙정보부 부장직을 겸하게 되면서 신군부를 대표하는 실질적인 최고권력자임을 공식적으로 확인시켰다. 명목상의 최규하 과도정부와 전두환의 실질권력이 공존하고 있었던 서울의 봄 상황에서 친여신당설과 이원집정부제 개헌론 제기는 신군부의 실질권력을 제도화하려는 것이었다. 안개정국의 정치적 불확실성 속에서 1980년 5월 학생들의 반군부 가두시위가 열기를 더해가자 이에 부응하여 여야 정치권도 계엄해제 촉구와 유신헌법 개헌에 합의함으로써 신군부의 정권장악 의도에 제동을 걸었다. 이렇게 계엄해제와 유신헌법 개헌을 둘러싸고 신군부와 민주화세력 간의 대치가 팽팽하게 전개되어 나가는 불확실성의 상황에서 이를 보다 더 긴급하고 절실한 생사의 문제로 생각하고 있는 신군부는 자신들의 우월한 물리력을 활용하는 모종의 비정상적인 조치를 찾아 나선다. 1980년 5월 광주항쟁은 바로 신군부의 권력장악 시나리오에 반대하면서 그 자체의 역동성과 민중적 활력을 추동시켜나간 민주항쟁이었다.

1979~1980년은 마이너스 경제성장과 박정희의 갑작스런 피살에 따른 사회적 불안·위기의식이 조성되고 있었다. 이런

상황에서 물리력과 언론통제를 확보한 신군부는 1980년 5월 17일 비상계엄 포고령 10호를 통해 국회와 대학 폐쇄, 모든 정치활동 금지, 언론검열 강화, 파업금지 등을 발표하였다. 포고령 발표의 이유는 학생들의 민주화 가두시위로 인해 야기된 혼란을 막겠다는 것이었지만 단순하게 학생시위에 대처하는 방식이라고 하기에는 지나치게 방대한 군이 동원되었다. 이것이 의미하는 것은 곧 신군부의 권력장악 의지가 발동되었다는 것이었다. 5·17 계엄확대는 유력한 야당정치인인 김대중을 정부전복 기도 혐의로 체포하고 김영삼을 가택연금시킴으로써 사실상 12·12 하극상에 이어 군부의 권력장악 의지가 개입된 또 한 번의 쿠데타이자 정권장악의 마무리 수순이었다.

광주민중항쟁은 바로 이러한 군부의 불법적 정권탈취에 저항했던 아래로부터의 항의이자 이러한 항의를 무자비하게 억누른 군부의 인민학살을 지칭한다. 광주항쟁은 군부의 정치적 탄압이 폭력적인 만큼 저항의 강도도 총격전으로 전개될 정도로 폭력적 양상을 띠었고 이에 따라 신군부의 대응도 공수부대를 투입하는 등 폭력의 극치를 보였다. 이렇게 국민과 군부 간의 대결이 무자비한 학살을 거치면서 진행되었기 때문에 여기서 승리한 전두환정부의 부당성은 그만큼 최악의 것일 수밖에 없었다. 그에 따라 광주항쟁 이후 한국정치에 있어 학생과 민주화 세력으로부터 제기되는 전투성은 전두환정부의 부도덕성과 반인륜성에 초점을 맞춤으로써 단순한 반정부 민주화의 차원을 넘어서서 그야말로 반체제로까지 나아가는 1980년대 사회변혁운동의 새로운 지평을 열게 된다.

5·17 쿠데타에 항의하는 학생 및 시민들의 저항이 왜 하필 광주에서 폭발했는가에 대해서는 다음과 같이 설명될 수 있다. 첫째는 호남지역의 특수성이다. 광주로 대표되는 호남은 '지역의 계급화'가 논의될 정도로 권위주의적이었던 박정희정부의 편향적인 지역개발정책과 인사정책으로 인해 소외감과 불만이 누적되어 있었다. 그래서 광주는 민주주의를 통한 균형과 공정의 가능성을 다른 어느 지역보다 더 염원하고 있었던 지역이었다. 둘째는 김대중이라는 요인이다. 박정희에 이어 전두환 등 대구-경북 중심의 신군부세력이 호남 출신의 정치지도자이자 집권 유망주였던 김대중을 정부전복을 기도했다는 혐의로 체포하였던 것이다.

김대중 체포 등 신군부의 권력탈취에 이의를 제기하는 광주시민의 시위에 대해 신군부가 공수부대의 무자비한 살상·진압으로 대응하자 반정부의 평화적 시위는 전투적이고 생사를 건 자구적 투쟁으로 바뀌어 나가게 된다. 전국이 계엄령 하에 놓여 있어서 언론이 통제되고 미국마저 애매한 태도로 방관하던 5월 18일 이후의 상황에서 뚜렷한 지도력이나 조직이 없이 자연발생적으로 등장한 방어적인 '시민군'은 고립될 수밖에 없었다. 외부로부터의 도움이 부재한 가운데 자기보호를 위해 무장했던 광주 시민군은 5월 18일 공수부대 투입 이후 27일 계엄군의 전남도청 무력진압으로 이어지는 10일 간의 비극에서 철저히 희생되었다. 1980년 5월 광주에서 공수부대는 마치 외국인 용병처럼 생명존중이라든가 관용과는 거리가 먼 태도로 학살에 임했다.

광주항쟁은 기본적으로 민주주의를 요구하는 민주화운동이었다. 하지만 광주항쟁을 무참하게 억압하는 과정에서 나타난 군부의 폭력은 1980년대 새로운 사회변혁운동을 촉발시켰다. 1980년대 체제변혁운동이 보다 전투적이고 폭력적인 양상을 띠게 된 이유는 민주화운동이 실패하게 됨에 따른 허탈과 분노를 반영하면서 동시에 향후 새로운 다짐과 강고한 투쟁방식의 요청에 따른 것이기도 했다. 만약 1980년대 중반 이후 구소련 및 동구사회주의의 실패가 노정되지 않았다면 그리고 1980년대 중반의 한국경제가 1979~1980년의 경제위기를 해소하고 지속적인 고도성장을 도모하지 못했다면, 한국의 사회변혁운동은 보다 더 폭력적이고 전복적인 방향으로 나아갔을 것이다. 그 정도로 1980년 5월 광주항쟁과 그 비극적 희생은 한국 국민들을 환멸과 분노로 몰고갔다.

그러나 광주항쟁은 사회변혁의 혁명으로 나아가지 않고 대표적인 민주화운동의 하나로 자리 잡게 된다. 이는 광주학살 이후 1980년대 말 한국과 국제사회가 자유민주주의의 승리로 변화해나가면서 이러한 성과의 피드백으로서 온건한 형태의 민주주의를 요구하는 것으로 스스로의 변혁과제를 제한하였다는 것을 뜻한다. 이런 이유로 광주항쟁을 둘러싸고 그것이 정치적 민주항쟁이냐 계급적 민중항쟁이냐 또는 이 양자의 결합이냐의 논쟁이 제기되는 것과 관련한 필자의 입장은 다음과 같다. 즉, 광주항쟁의 변혁지향에서는 1980년 광주항쟁 그 자체의 과정에서 나타난 폭력과 사회변혁적 요구사항 못지않게 그 이후에 전개되는 한국과 국제사회의 역동성으로부터도 많은 영향을 받아 자유민주주의를 지향하는 반독재 민주화의 의미가 가장 크게 자리 잡게 되었다는 것이다.

일차적으로 광주항쟁은 '계엄철폐, 전두환 사임, 김대중 석방'을 둘러싼 국내정치세력 간의 투쟁이었다. 그러나 국군 제20사단의 광주투입을 둘러싸고 미국이 어떠한 입장을 취했는지를 놓고 논쟁이 제기되면서 광주항쟁은 전통적으로 한국 민주주의의 수호자로서 인식해왔던 '미국이 우리에게 있어서 무엇인가'라는 새로운 문제를 제기하는 계기가 되었다. 이와 같은 문제제기 과정에서 반미운동이 태동하게 된다.

1980년 5월 광주에서 시민군이 탄생하고 총격전이 제기되는 폭력적 대결과 관련하여 미국은 끝까지 배후에서 평화적 해결 방법을 모색했으며 제20사단의 광주투입을 승인한 것은 공수부대의 재투입으로 과잉진압이 예상되어 이를 막기 위한 것이었다는 입장을 취하고 있다. 그러나 1980년 5월 20일 신군부가 20사단의 투입을 한미연합사에 요청했을 때 미국이 이에 동의했다는 것으로 인해 광주학살에 대한 미국의 책임을 면하기가 어렵게 되었다. 그 이후 부산 미문화원 점거 사건으로부터 시작하여 2002년 12월 의정부 여중생추모 촛불시위에 이르기까지 한미관계의 평등한 재정립을 요구하는 학생과 국민들의 요구가 꾸준히 지속되어 나가게 된 일차적 계기는 바로 광주학살에 대한 미국의 묵인이었다.

1979년 10월 26일 박정희 피살은 유신체제가 붕괴되고 민주주의가 도래하리라는 기대를 낳고 있었다. 따라서 12·12 쿠데타를 거치면서 신군부에 의한 재권위주의화가 예상되는 가운데서도 1980년 서울의 봄의 민주화 열기는 국민들의 압도적인 요구사항이었다. 여기서 민주주의라는 것이 정치과정에서 자유경쟁 절차의 제도화와 함께 경제적 불공정과 사회적 소외를 줄여나가는 생존권의 보장 그리고 대외적 자율성과 민족적 정체성의 확립을 포괄하는 실질적인 것을 의미할 때, 1980년 5월 광주항쟁은 '독재자 없는 독재체제'의 지속을 거부하고 민주주의의 정착을 의도했던 민주화운동이었다.

더구나 1980년 시점에서 민주를 보류시킬 정도의 긴급한 과제로서 근대나 민족과 같은 역사적 가치가 널리 호응을 받은 것도 아니었다. 그런데도 순전히 신군부의 권력만을 추구한 잉여군사정부를 위해서 수많은 광주 시민들이 무고하게 희생되었다는 것은 정말 어처구니없는 비극이었다. 어떤 이유에서도 용인될 수 없는 1980년 광주의 희생을 거치면서 한국의 민주주의는 광주의 한으로부터 원기를 받으면서 1987년 이후에는 상대적으로 온건·안정적인 방식으로의 진전과 제도화의 길을 걸어가게 된다.

1987년 6월항쟁

전두환정부는 쿠데타·학살·고문·폭행·은폐조작·타락·독직·

용공조작 등으로 점철된 전형적인 비민주적 군사정권이었다. 이는 전두환정부가 국제수지 흑자 등 경제성장의 치적에도 불구하고, 광주학살이라는 태생적 원죄와 연루된 정당성 결여와 부도덕성으로 인해 광범한 민심이반에 직면하고 있었다는 것을 뜻한다. 특히 1987년 4월 13일 대통령간선제를 고수하겠다는 전두환 대통령의 4·13 호헌선언은 단임 헌법에 따라 7년을 기다려왔던 한국 국민들의 민주화 염원에 찬물을 끼얹은 것으로서 국민들로 하여금 배신감·박탈감·분노를 한꺼번에 분출시키도록 하는 결과를 가져왔다.

전두환정부의 연장이냐 아니면 전면 거부냐의 양극화된 대결의 초기 국면에서는 남북한 긴장구도 상황을 적절히 활용할 수 있고 또 현대화된 막강한 물리력을 독점하고 있는 전두환정부가 상대적으로 유리한 입장에 있었다. 그러나 1987년 5월 특정 국면에서 우연히 발생한 사건인 동시에 군부독재의 부산물이기도 한 박종철 사건은 예기치 않게 노신영 총리와 장세동 안기부장을 사퇴시키게 된다. 이로써 전두환정부 내부의 권력관계에서 전두환 사후보장파가 퇴조하고 민정당의 정권 재창출에 우선권을 두는 분파가 득세하게 되었다. 동시에 1987년 5월 18일 7년 전의 5·18 광주민주화운동의 희생자를 추도하는 모임에서 국민들로부터 도덕성과 신뢰를 받고 있는 <천주교정의구현사제단>이 특별 성명을 발표하였다. 즉, 박종철 고문치사 사건은 전두환정부에 의해 은폐·조작되었다는 것이다. 이에 따라 이 사건은 일약 박종철 개인의 고문치사라는 단순한 죽음을 넘어서서 전두환정부의 부도덕성과 기만적 행태를 다시 전면에 드러내 보여주는 정치적 쟁점이 되는 사건으로 변하였다.

박종철 고문치사 사건이 은폐되고 조작되었음이 폭로·확인되면서 고박종철 고문살인 은폐조작규탄 범국민대회 준비위원회가 구성되었다. 이어 범국민적 연대기구로서 <민주헌법쟁취 국민운동본부>가 결성되어 박종철 사건 규탄과 4·13 호헌조치의 철회 및 민주개헌 쟁취를 목표로 1987년 6월 10일 대대적인 국민운동을 전개해나간다. 6월 10일 이후 10~16일 간의 명동성당 내 농성투쟁, 18일의 최루탄 추방대회 그리고 26일 전국에서 130여만 명이 참여하는 국민평화대행진에 이르기까지 이른바 전두환정부의 집권연장을 막는 6월민주항쟁이 전개된다. 6월항쟁은 투쟁의 규모를 볼 때 전국적으로 20~30개 도시에서 동시다발적으로 전개되었고 연인원 4~5백만 이상의 국민대중이 참여하였다. 투쟁의 지속성이라는 측면에서는 19일 동안 지속적으로 진행되었고, 투쟁방식의 다양성에서는 일반 국민들의 정치적 진출이라는 측면 외에도 대학생들의 헌신적인 투쟁, 가두시위의 다양한 전술의 개발, 지역별 시위에서의 '상징적 중심지'의 형성, 민주화 대연합으로서의 국민운동본부의 결성과 지도력 창출, 가톨릭과 개신교의 지도부 역할이라는 특징을 보여주었다.

6월항쟁이 폭발적으로 전개되어 나가는 역동적 상황에서 한편으로는 광주학살의 경험을 반복해서는 안 된다는 군부 내

장성들의 소극적 입장과 다른 한편으로는 한국이 처한 국제정치경제적 맥락과 한미관계의 특수성으로부터 연원하는 미국의 압력으로 인해 전두환정부는 새로운 위기타결책을 모색하지 않으면 안 되게 되었다. 특히 1987년의 시점에서 전두환정부에 대한 국제적 압력과 관련해서는 한국 경제·사회의 개방적이고 대외의존적인 상황에서 불가피하게 제기되는 구조적인 압력 이외에도 1988년 서울올림픽의 순조로운 개최·진행을 위해서도 정치의 민주적 안정이 요구되었다. 또한 1987년 6월의 한국 정치상황과 관련하여 미국 의회가 '한국민주주의법안'을 제출하고 레이건 대통령의 경고친서가 전달되는가 하면 개스틴 시거 미국무성 동아시아·태평양 담당 차관보 등이 한국 군부의 정치개입을 반대한다는 명확하고도 반복된 입장을 표명하는 등 미국의 직·간접적인 압력은 6월항쟁의 활력을 뒷받침해주는 데 손색이 없었다.

6월항쟁은 1987년을 전후한 시기의 한국 경제가 3저호황이라는 세계경제적 요인에 편승하여 급속한 경제성장을 구가하고 있었던 경제적 호황으로부터 많은 덕을 보았다. 경제호황에서 터져 나온 6월항쟁은 자본주의 발전과정에서 제기되는 계급갈등 등의 경제적 쟁점을 중심으로 전개된 것이 아니라 4·13 호헌의 철회와 대통령직선제의 실시 등과 같은 정치적 문제를 중심으로 전개되어 나갈 수 있었던 것이다.

제도권정치의 역할이라는 측면에서 보면 6월항쟁은 반독재민주화운동의 선두 주자였던 김대중-김영삼 두 야당정치인의 합심과 제휴를 통한 정치적 대안의 존재로부터 많은 도움을 받았다. 실제로 통일민주당은 6월항쟁의 정점이었던 일련의 국민대회와 공청회, 평화대행진이 개최될 때마다 1985년 2·12총선에서 돌풍을 몰고 왔던 양김의 주도 하에 정치적 대안으로서의 수권능력을 보여주기 위해서 내부결속과 전열정비에 박차를 가해나갔다. 또한 통일민주당은 재야운동권 세력들과의 공동보조 하에 전두환정부에 대한 민주항쟁의 공세에 있어서도 중요한 한 축을 담당함으로써 6월항쟁에 있어서의 제도권 야당의 몫을 지켜나가는 데 성공을 거둔다.

6월항쟁이 폭발적으로 전개되어 나감에 따라 일각에서는 군부의 전격적 퇴진을 요구하는 움직임이 강하게 제기되기도 했다. 그러나 6월항쟁에서 폭력이나 강제로 군부정권을 퇴진시키는 것이 아닌 보다 온건하고 안정적인 형태의 민주주의 이행으로 타협과 조율이 이루어질 수 있었던 데에는 다음과 같은 요인이 작용했다.

첫째, 현실적인 물리적 저항력이라는 측면에서 볼 때 6월항쟁의 주도세력은 군부의 즉각적인 퇴진을 강제할 만큼의 물리력을 갖추지 못하고 있었다. 둘째, 여전히 타협과 조율이라는 합법적 투쟁의 가능성이 남아 있다고 간주되는 한 군부정권과의 전면적인 물리적 대결을 벌일 어떤 구실도 정당화하기가 어려웠다. 셋째, 남북한 분단의 냉전적 대결구도가 상존하고 있는 안보적 상황은 어떤 형태의 전면대결도 부당하고 자기파멸적인 것으로 화하도록 하고 있었다.

1987년 6월 민주화 열기가 극에 달하고 있는 역동적 상황에서 군부의 즉각 퇴진이라는 화끈함과 조급성에 휘몰리지 않고 6월항쟁이 대통령 직선제 실시라는 온건한 형태의 합법적인 요구로 자제할 수 있었던 것은 그만큼 민주화운동의 성공 가능성을 높이는 데 크게 일조를 하였다. 6월항쟁의 목표는 군부정권의 즉각적인 퇴진이라든가 급격한 체제변혁을 요구하는 것이 아닌 대통령직선제의 실시라는 보다 온건한 형태를 띠었다. 이에 따라 대통령직선의 승산 여부와 관련하여 '양김 동시출마 필승론'으로 재집권이 가능하다는 전략적 계산이 권위주의 지배연합 내부에서도 설득력을 얻게 되었다. 헌법에 의해 7년 단임의 임기가 끝나는 것을 무리하게 연장하려 하기보다는 전두환 대통령의 기획과 김용갑, 이종률, 허삼수 등이 제시한 이른바 대통령직선제의 적극 수용이라는 반전이 제시되는데, 1987년 노태우에 의한 6·29선언이 그것이었다.

정치엘리트 간 정치협약의 시동을 가져온 1987년의 6·29선언은 상징조작의 차원에서 보면 민주화운동에 굴복한 항복선언이었다. 그러나 실제에 있어서는 집권세력의 주도면밀한 계산과 시나리오에 따라 보다 적극적으로 위기를 타개해나가려는 역공세의 정치책략이었다. 6·29선언은 불확실성과 불확정성을 특징으로 하는 대통령직선을 둘러싸고 정치세력들 간의 협약에 의한 민주화를 가져오도록 한 정치적 전환의 계기였다. 결국 6·29선언의 정치조작에 의한 집권세력의 통제와 이해관계의 조정 하에서 진행된 1노 3김(노태우-김영삼-김대중-김종필)간의 4파전 대통령선거는 노태우가 당선되는 것으로 귀결되고 6월민주항쟁의 요구와 열기는 마무리된다.

6월항쟁은 1979년의 부마항쟁이나 1980년의 광주항쟁과는 달리 한국의 정치사에서 처음으로 권위주의 지배연합의 기득권을 인정하는 토대 위에서 체제전환을 이루어 나가는, 이른바 엘리트 간 협상에 의한 정치협약이라는 중요한 정치적 궤적을 남겼다. 정치엘리트 간 협약에 의한 1987년 민주화는 노태우 정부를 경유하여 김영삼·김대중 정부로의 순조로운 흐름 속에서 높은 생존가능성과 정치안정을 보여주었다. 그러나 민주화 이행의 안정에 대한 대가로 독점재벌이 주도하는 경제질서와 권위주의 지배연합이 계속 건재함에 따라 보다 광범위하고 민중지향적인 자기변혁의 가능성은 그만큼 제약을 받게 되었다.

근대에서 지구로

　해방 이후 한국의 현대사는 크게 세 줄기의 정치변동으로 요약된다. 변혁지향과 쿠데타 그리고 민주화운동이 그것이다. 이들은 민족-근대-민주 또는 이 가운데 어느 하나를 특히 강조하는 차이를 보인다. 변혁지향과 쿠데타 그리고 민주화운동은 그 성패에 관계없이 한국의 현대사에 큰 궤적을 남겼다. 예를 들어 해방과 4·19의 변혁지향을 보면 그 의도하던 바의 결실을 즉각적으로 맺지는 못했지만, 지속적으로 한국정치의 흐름과 방향에 중대한 영향을 미쳤다.

　1948년 이후 한국의 정치변동에 있어 민주주의는 이승만-박정희-전두환정부를 갱신시켜나간 이념적 가치이자 변화의 추동력이었다. 민주의 실질적 내용이 얼마나 실현되고 있는지에 대해서는 논쟁이 많지만, 적어도 1987년 민주화 이후 15년이 지나는 동안 한국은 대통령 단임제 헌법규정에 따라 5년마다 대통령선거를 치름으로써 노태우-김영삼-김대중-노무현 4명의 직선 대통령을 대표로 한 민선정부를 출범시키는 성과를 보이고 있다. 2003년 노무현정부의 출범까지 역동적이고 흥미진진한 대통령선거전을 치르는 동시에 전직 대통령의 치적에 대한 가차 없는 평가를 내리게 된다. 이에 따라 절차적 차원의 민주주의 수준은 물론이고 그에 도움을 받아 복지·균등과 같은 실질적 민주주의도 점진적인 진전을 보이고 있다.

한국은 탈냉전·지구화의 흐름에도 불구하고 여전히 민족문제의 중압에서 벗어나지 못하고 있는 나라 가운데 하나이다. 한국은 민주를 중심으로 한 정치변동에 있어서는 우여곡절을 겪으면서도 나름대로의 진전을 보여 왔던 데 비해 민족을 중심으로 한 변혁지향이나 정치변동은 아직 경험하지 못했다. 이는 민족 문제의 해결과 긴밀하게 연관되어 있는 대외적변수들이 우리의 역량으로 해결하기가 쉽지 않을 정도로 복잡하게 얽혀 있기 때문이다. 민주가 다원적 포용과 자율적 참여를 통해서 국민들 사이에서 상당한 수준의 공감대를 확보해나갔던 데 비해, 민족은 경쟁과 화해, 안보와 평화, 자주와 대외공조, 하나로의 통합과 다양성의 공존 등 상호 대립적인 입장차이로 인해 많은 경우 정치변동의 추동력이기보다는 억제요인으로 작용해왔다.

한국 국민에게 있어 민족은 원하든 원하지 않든 한반도의 역사를 재구성하게 될 장기적이고 근본적인 변화의 동인으로서 상존하고 있다. 근본적이라는 의미에서 민족문제는 한반도의 혁명적 동인이기도 하다. 20세기의 지난 50년 동안 민족문제가 해결되지 않고 모순구도가 누적되어 왔지만, 그렇다고 민족 문제가 풀기 어려운 매듭으로만 존재하고 있는 것은 아니다. 남북한 평화공영을 향한 움직임이 그 어느 때보다도 활발히 전개되고 있는 게 2000년대 남북한의 현 주소이다. 더욱이 21세기 지구화의 흐름 속에서 한반도의 민족문제는 역설적으로 민족-지구의 변증법적 상승과정을 통해서 해결의 실마리를 찾을 수도 있다. 남북한 상호대립의 구도를 넘어서 남북한공동체와 동아시아공동체를 연결시켜나가는 21세기 한반도의 새로운 미래정향에서 민족문제의 건설적이고 순기능적인 희망을 엿볼 수 있다.

근대는 제2차세계대전 후 모든 신생독립국가의 과제였다. 한국의 정치변동에 있어 자본주의적 산업화-근대화의 논리와 과제가 때로는 민족-민주의 가치와 충돌하면서도 지난 50여 년 동안 지속되어온 것은 근대야말로 민족-민주의 생존을 가능하게 하는 전제조건으로 인식되었기 때문이다. 민족-민주가 보다 장기적이고 점진적인 과제인 것으로 간주되었던 데 비해 근대는 보다 긴급한 과제여서 빠르면 빠를수록 좋다는 것으로 설정되고 있었다. 그래서 한국의 정치변동에서 직접적 추동요인은 근대를 중심으로 주어지는 경우가 많았다.

20세기와는 다른 21세기적 변화의 흐름은 기존의 근대라는 목표 속에 함축되어 있는 과제의 내용을 다르게 정의하도록 촉구하고 있다. 20세기의 영토국가 중심적인 정향과 계급론적 시각 그리고 냉전구도의 블록 간 경쟁이 쇠퇴하고, 그를 대신하여 지구적 수준에서 진행되는 다자간 교류·경쟁적 협력의 상호작용이 21세기를 지배할 것으로 전망되고 있다. 그래서 동아시아 대륙과 태평양 사이에서 21세기적 의미의 속도·압축·확대를 추구함에 있어 한국에게 새로이 부가되는 가치로서 민족-근대-민주를 대신하여 민족-지구(globe)-민주로 재구성해야 하지 않을까 하는 생각이다. 여기서 지구화란 자율성-참여-정체성을 토대로 하여 지방-지역-세계 간의 유기적 연관과 포용성을 강조하고 있다. 어떻든 21세기 한반도의 정치변동은 동아시아 내 한반도적 특수성과 분단이라는 미해결 과제로부터 비롯되는 민족 그리고 자율성-정체성-포용성을 강조해야 할 당위로서의 민주에 이어 지구화에 대응하면서 지속 가능한 발전과 생산적 복지 및 생태적 환경에 대한 지구적 공동대응을 도모해나가야 할 생존의 문제로서 지구라는 가치와 과제를 중심으로 전개되어 나갈 것으로 보아도 무방하지 않을까 하는 생각이다.

2004년 현재의 시점에서 한국의 정치변동은 20세기 한국 현대사에 나타난 것과 같은 4·19라든가 5·16 등과 같은 급격한 변화를 겪을 가능성은 희박해 보인다. 한국의 정치변동에서 쿠데타는 안보-근대를 목표로 하였고 민주화운동은 민주를 의도했지만 민족을 주제로 삼은 정치변동은 드물었기에, 2002

년 12월 대통령선거에서 민족의 가능성을 찾아보았다. 향후 21세기는 장기적으로는 민족을 둘러싼 변혁지향과 단기적으로는 근대를 대신하여 지구를 둘러싼 개혁이 정치적 쟁점으로 지속되어 나갈 전망이다. 이 가운데 특히 지구를 중심으로 한 한국정치의 개혁의제 설정을 누가 어떻게 주도해나갈 것인가의 민주를 놓고 정치사회와 시민사회 내에서 합종연횡(合從連橫)이 치열하게 전개될 것으로 전망된다. 1997년 제15대 대통령선거에서 나타났던 김대중-김종필의 공조라든가 2002년 제16대 대통령선거에서 보여주었던 민주노동당의 의미 있는 선거전, 그리고 이질적인 노무현-정몽준 연대 시도 등에서 보듯이 점차 다원적 합종연횡이 지구화에 대응하는 다양한 시각과 영역을 포섭해나갈 전망이다. 이렇게 직접 국민들의 선택에 의해서 평화적이고 제도화된 방식으로 정부구성과 정책선택이 이루어지는 선거의 역동성이야말로 20세기와는 다른 21세기 한국 정치변동의 미래상이 아닌가 하는 생각을 해본다.

1) 2003년 미국이 이라크를 침공하여 후세인정권을 붕괴시키고 이라크 국민을 압제로부터 해방시킨다는 부시행정부의 군사적 개입에 대해서는 부정적인 판단이 지배적이다. 그런 시각에서 보면 1945년 미국과 소련에 의한 군사개입이 과연 한반도에서 외부로부터의 변혁 가능성을 열어놓은 것으로 볼 수 있는가라는 문제에 대해서도 이의를 제기할 수 있다. 그러나 필자는 2003년 후세인 축출 이후 이라크 국민들의 반미와 1945년 일본식민지배의 철수 이후 한국 국민의 반미 사이에 존재하는 차이점에 주목하고자 한다.

2) 남한의 경우 1945년 해방공간에서 자율적 변혁지향의 좌절은 미국이 한반도 내에 존재하고 있었던 좌파 우세의 정치적 지형을 거부하고 미국의 의지와 이익을 반영하는 우편향을 정착시키고자 한 데서 결정적으로 비롯한다.

3) 이승만정부의 원조경제는 쉽사리 제공된 미국의 원조에 안주하게 되면서 안정적이고 활력 있는 국내적 재생산 기반을 마련하는 것을 소홀히 하게 되고, 그럼으로써 언제든 미국의 원조가 차단될 경우 그것이 그대로 경제위기로 연결될 수밖에 없는 취약성을 내재하고 있었다.

4) 대중의 정치적 동원은 농민혁명이나 파시즘의 등장에서 보듯이 무엇을 위한 지향이고 어떤 목적을 가지고 있느냐에 따라 각기 다르게 평가되고 정치적 결과도 다르게 나타날 수 있다.

5) 집권세력의 원내의석이 다수를 이루지 못해 정치지도력의 불안정을 보인 사례로 1948~1950년의 이승만정부와 1960~1961년의 장면정부 그리고 1988~1989년의 노태우정부와 2003년의 노무현정부를 들 수 있다. 향후 21세기 한국정치에 있어서는 이와 같은 여소야대의 정부가 어떻게 지도력의 안정과 민주성을 동시에 담보해나가느냐 하는 것이 중요한 정치적 과제가 되리라 본다.

6) 5·16 이후의 박정희정부와 전두환정부를 통상적으로 군부통치라고 명명하는 것에 대해 권력의 궁극적인 원천이 군부의

총부리로부터 나온다는 의미에서는 동의한다. 다만 이들 정부 모두 권력의 효과적 운용과 대국민통제가 중앙정보부 또는 안전기획부와 같은 정보부의 정보통제·감시체계로부터 나온다는 점에서는 정보부통치라고 지칭해야 하지 않을까 하는 생각이다.

더 읽어볼 책

김영명, 『한국현대정치사: 정치변동의 역학』, 을유문화사, 1992.
  해방과 건국, 4월봉기, 5·16쿠데타, 유신체제의 등장, 박정희
  피살과 '서울의 봄' 그리고 전두환정부의 탄생, 민주화전환
  등 1945년 이후 노태우정부까지 한국현대사에서 나타난 주
  요 정치변동을 국가·정권·민간사회·정치사회라는 4가지 틀
  을 중심으로 설명하고 있다.

손호철, 『현대 한국정치: 이론과 역사 1945~2003』(개정증보 2
  판), 사회평론, 2003.
  1945~2003년까지의 현대 한국정치에서 해방 3년사, 한국전쟁,
  5·16쿠데타, 5·18항쟁, 민주화, IMF 위기, 김영삼·김대중 정부
  의 정치, 노무현정부 등 주요한 정치적 쟁점들과 사건들에 대
  해서 이론적 논의와 함께 평가 및 처방을 제시하고 있다.

정경환, 『한국현대정치사 연구』(증보판), 신지서원, 2001.
  8·15의 구조와 미군정을 중심으로 해방-분단국가 수립을 검
  토하고 5·16과 유신정부의 정치사적 의미를 평가하고 있으
  며 민주화운동으로서 4·19민주혁명, 부마항쟁, 5·18광주민
  중항쟁, 6·10민주항쟁의 원인-전개과정-정치적 의미를 천착
  하고 있다.

사건으로 보는 한국의 정치변동

초판발행 2004년 2월 10일 | 4쇄발행 2009년 5월 10일
지은이 양길현
펴낸이 심만수 | 펴낸곳 (주)살림출판사
출판등록 1989년 11월 1일 제9-210호

주소 413-756 경기도 파주시 교하읍 문발리 파주출판도시 522-2
전화번호 영업·(031)955-1350   기획편집·(031)955-1357
팩스 (031)955-1355
이메일 book@sallimbooks.com
홈페이지 http://www.sallimbooks.com

ISBN 89-522-0214-7 04080
    89-522-0096-9 04080 (세트)

* 잘못된 책은 구입하신 서점에서 바꾸어 드립니다.
* 저자와의 협의에 의해 인지를 생략합니다.

값 9,800원